Alfred Tiefenbacher

Fehlwörterbuch der deutschen Sprache

Die wahre Bedeutung
unserer Städtenamen
von A wie Aachen
über W wie Wien
bis Z wie Zürich

Eichborn.

Liebe Leser!
Haben Sie auch originelle Fehlwörter parat?
Schicken Sie sie uns!
Wir freuen uns darauf.

Die Deutsche Bibliothek – CIP-Einheitsaufnahme

Tiefenbacher, Albrecht:
Fehlwörterbuch der deutschen Sprache : die wahre Bedeutung
unserer Städtenamen von A wie Aachen über W wie Wien bis Z wie Zürich /
Albrecht Tiefenbacher. – Frankfurt am Main :
Eichborn, 1995
ISBN 3-8218-3389-0
NE: HST

Umschlaggestaltung: Rüdiger Morgenweck
Gesamtherstellung: Fuldaer Verlagsanstalt, Fulda
ISBN 3-8218-3389-0

Verlagsverzeichnis schickt gern: Eichborn Verlag,
Kaiserstraße 66, 60329 Frankfurt

Inhalt

Vorwort

Jedes deutsche Wörterbuch liefert uns einen Begriff für das *Versehen einer Zeichnung mit Maßangaben* (»bemaßen«), nicht aber für das mindestens ebenso häufig auftretende Zerbröseln einer Brotscheibe beim Bestreichen mit harter Butter. Und warum können wir einen *Verbindungsansatz an Rohren oder Maschinenteilen* mit einem einzigen Wort bezeichnen (»Flansch«), die Aussparung im Deckel einer Zuckerdose, durch welche der Löffel herausragt, dagegen nicht?

Angesichts dieser und anderer Defizite der Sprache erhebt sich die Frage, wem die Verantwortung zugemutet werden kann, die fehlenden Wörter zu erfinden. Die Antwort ist überraschend einfach: *Erfinden* ist überhaupt nicht nötig. Hinter der irreführenden Bezeichnung »Postleitzahlen - ABC-Folge« verbirgt sich eine umfangreiche Sammlung von unbenutzten Wörtern jeglicher Gattung (vom Verb *aachen* bis zum Adjektiv *zyfflich*); hier kann der aufmerksam Suchende entdecken, daß es sich bei der oben erwähnten Zerstörung einer Brotscheibe zweifelsfrei um *kleinbrösern* handelt, und daß der Zuckerdosendeckel einen *Löffelsterz* hat.

Jahrzehntelang war dieses Standardwerk für DM 2,50 in jedem guten Postamt erhältlich, es wies allerdings eine unpraktische Zweiteilung auf, welche die Wortsuche teilweise erschwerte. Im Jahre 1993 kam endlich eine einteilige Neuausgabe heraus: »Das Postleitzahlenbuch«, so der nicht minder irreführende neue Titel, stieß in der Öffentlichkeit allerdings auf geteilte Meinungen. Nicht so in unserer Redaktion: Besonders die Entscheidung, es kostenlos an alle Haushalte Deutschlands zu verteilen, verdient ungeteiltes Lob - versetzt sie doch weite Teile der Bevölkerung in die Lage, aktiv an der Weiterentwicklung des notorisch unvollständigen Fehlwörterbuches teilzunehmen. Verlag und Redaktion sehen Ergänzungsvorschlägen für zukünftige Auflagen erwartungsfroh entgegen.

Der Dank der Redaktion gilt Achim Geißler, Klaus Maczek und Jan Talleur, die bei der denkwürdigen ersten Sitzung dabeiwaren, Tullamore Dew und Hefe Weizen, die über so manche Durststrecke hinweghalfen, Peter Franken und Carsten Panzer, die sofort kapiert haben, worum es geht, Matthias Vogt, Michael Kehrwald, Claudia Högemann und allen anderen im Haus, die sich über die Jahre eine Menge anhören mußten, Roswitha Gierden und Anne Kleinert, die freiwillig alles durchgelesen haben, Harold Woetzel, der die Sache seinem Sender untergejubelt hat und Miriam Hollstein, die bis heute kein Wort darüber geschrieben hat. Und Katrin, die immer an den richtigen Stellen gelacht hat.

Karlsruhe, im März 1995

Die Redaktion
(Karlsruher Institut für Sinnstiftung)

Hinweise zur Benutzung

Jedes Kapitel beginnt mit dem kurzen Versuch einer Erklärung, warum es das Kapitel gibt, was der Leser darin finden wird, ob sich die Redaktion etwas dabei gedacht hat, und wenn nein: welche lahme Entschuldigung es dafür gibt. Am Ende des Kapitels steht eine Liste mit Suchbegriffen, anhand derer man ein Fehlwort jederzeit wiederfinden kann - auch wenn man sich nur noch daran erinnern kann, daß es irgend etwas mit, sagen wir mal, *ungenügender Verhütung* zu tun hat. Querverweise (☞) beziehen sich stets nur auf Einträge innerhalb desselben Kapitels.
Die einzelnen Einträge sind folgendermaßen aufgebaut:

1. Stichwörter sind **fett** gedruckt, die Bedeutungserklärungen normal und Anwendungsbeispiele *kursiv*; Beispiele für sprachliche Gebilde stehen außerdem in Anführungszeichen. Grammatische Angaben sind von spitzen Klammern <>, allgemeinere Angaben zu Herkunft und Verwendung von geschweiften Klammern {} umgeben. Innerhalb runder Klammern () können sowohl Ergänzungen zur Erleichterung des Verständnisses, als auch Anmerkungen der Redaktion (Anm.d.Red.) erscheinen. Bei Wörtern mit mehreren Bedeutungen erfolgt eine Untergliederung durch fettgedruckte arabische Ziffern (**1.**). Die Umlaute ä, ö, ü wurden wie die entsprechenden Vokale a, o, u alphabetisiert.

2. Den **Substantiven** folgt nach dem *Artikel* der Genitiv Singular und der Nominativ Plural, wobei der Strich (-) das Stichwort ersetzt und eckige Klammern [] Buchstaben enthalten, die weggelassen werden können. Ausgeschrieben werden diese Formen nur dann, wenn sie durch eine andere Schreibweise oder mit Umlaut gebildet werden:

Harnekop, *der;* -s, Harneköppe:

Nach Substantiven ohne Plural steht nur der Genitiv:

Sprendlingen, *das;* -s:

Ein Pluraletantum ist an der Angabe <Pl.> erkennbar:

Dinslaken, *die;* <Pl.>:

3. Den **Verben** folgt die Angabe des Präteritums und des Perfekts (jeweils in der 3. Person Singular) immer dann, wenn diese Formen unregelmäßig oder durch Umstellung der Vorsilben gebildet werden:

schwerfen, schwarf, geschworfen

niederzissen, zoß nieder, hat niedergezossen
Falls das Präteritum regelmäßig mit -te gebildet wird und das Perfekt mit »haben« und der Endung -t, erfolgt lediglich die Angabe, ob das Verb ein Akkusativ-Objekt nach sich zieht <tr.> (=transitiv) oder nicht <itr.> (=intransitiv):

pframmern <tr.>:

Rückbezüglichen Verben ist *sich;* nachgstellt:

cllcrn, *sich;* ellerte sich...

4. Da **Adjektive** grundsätzlich *attributiv* (»der blöde Depp«), *prädikativ* (»der Depp ist blöd«) und *adverbial* (»der Depp grinst blöd“) gebraucht werden können, erfolgen Angaben hierzu lediglich dort, wo die Verwendung eingeschränkt ist:

berlin <Adj.; n.attr.>:

5. Alle sonstigen Wortarten werden durch Angaben in spitzen Klammern bezeichnet. Abkürzungen: **Abk.** Abkürzung; **Adj.** Adjektiv; **Adv.** Adverb; **etc.** usw.; **Ggs.** Gegensatz; **itr.** intransitiv; **Med.** Medizin; **n.adv.** nicht adverbial; **n.attr.** nicht attributiv; **n.präd.** nicht prädikativ; **o.ä.** oder ähnliches; **Pl.** Plural; **Präp.** Präposition; **tr.** transitiv; **ugs.** umgangssprachlich; **unbest.** unbestimmt; **vergl.** vergleiche; **Vulg.** Vulgärsprache.

1. Über die Verrichtung der Notdurft

Über Tabu-Themen spricht man nicht, also braucht man auch keine Wörter dafür. Basta. Was aber, wenn man nur deswegen nicht darüber spricht, *weil* es keine Wörter dafür gibt? Sei's wie's sei - die Redaktion sieht es jedenfalls als ihre Aufgabe an, rückhaltlos sprachliches Licht in alle Bezirke menschlichen Handelns und Empfindens zu bringen, daher wird im folgenden ohne jede Beschönigung vom *Klo,* vom *Pinkeln* und gegebenenfalls sogar vom *Furzen* und *Scheißen* die Rede sein.

A **aachen,** aachte, hat geaacht <itr.>: erleichtert aufstöhnen, wenn man endlich pinkeln kann: *Aus der Herrentoilette drang dann und wann ein Aachen.*

B **Blasiwald,** *der;* -[e]s, Blasiwälder: jedes Wäldchen oder Gebüsch in unmittelbarer Nähe eines Autobahnrastplatzes.

Bolleroda, *das;* -s, -s: eine Kloschüssel, in der zunächst alles liegenbleibt, so daß man es sich vor dem Spülen noch einmal ausgiebig betrachten kann; Bollerodas gibt es hauptsächlich in Deutschland - vermutlich weil man hierzulande immer sehen will, wofür man bezahlt hat.

Bollschweil, *der;* -s, -e: Schwall aus Wasser und Urin, der nach dem Fallenlassen der Scheiße zum Hintern hinaufspritzt.

Braunlage, *die;* -, -n: braune Spur in der Unterhose, die entweder auf allzu kräftiges ☞Pfronten oder unterlassenes ☞Hinterhagen zurückzuführen ist.

Brokstreek, *der;* -s, -s: brauner Rückstand in der Kloschüssel; daß eigens zur sofortigen Beseitigung eines Brokstreeks die Klobürste entwickelt wurde, scheint noch nicht ins allgemeine Bewußtsein gedrungen zu sein.

Brunsbüttel, *der;* -s, -: Person, an der es hängenbleibt, den ☞Titisee aufzuwischen, und die sich dabei wünscht, daß alle Männer endlich aufhören zu ☞mandern, damit auch das ☞Sprendlingen ein Ende hat.

D **Deckenpfronn,** *der;* -s, -s: ein Furz, der sich erst mit Zeitverzögerung seinen Weg zur Nase bahnt, weil er unter der Bettdecke losgelassen wurde.

F **Feuerbach,** *der;* -[e]s, Feuerbäche: das erste Pinkeln nach dem Geschlechtsverkehr.

H **harbarnsen,** harbarnste, hat geharbarnst <itr.>: sich das Pissen verkneifen (müssen): *Hör auf zu harbarnsen, sonst platzt dir die Blase.*

hinterhagen, hagte hinter, hat hintergehagt <itr.>: sich kurz das eben benutzte Klopapier ansehen, um anhand des Verschmutzungsgrades festzustellen, ob weiteres Wischen erforderlich ist.

Hockeroda, *das;* -s, -s: südländische Klo-Variante mit zwei Plattformen für die Füße und einem Loch in der Mitte; Voraussetzungen für eine problemlose Benutzung sind die sichere Beherrschung einer Technik, seine Hose so zu organisieren, daß man sie zunächst nicht vollmacht, beim Aufrichten keine Tropfen hineinfallen läßt und sie auch beim Spülen nicht naß macht, sowie ein stabiler Handgriff; da dafür in vielen Hockerodas nur die Türklinke in Frage kommt, sparen die Hersteller häufig am Türschloß.

hullern <itr.>: während des Pinkelns furzen.

Hülsenbroich, *der;* -s: im Sitzen auszuführendes Ritual, falls das Klopapier mitten im Scheißen zu Ende geht; dabei läßt man die leere Papphülse im Halter und deponiert die frisch angebrochene Rolle auf dem Wasserkasten, neben der Klobürste oder im ☞Titisee.

Langerwehe, *die;* -: schmerzhafte Verstopfung, deren Ursache das zu lange Hinauszögern des Scheißens ist: *Man sollte das ☞Mussum nie bis zur Langerwehe ausdehenen.*

mandern <itr>: {hauptsächlich für Männer} es als absolut abwegig betrachten, sich auch zum Pinkeln hinzusetzen.

Manderscheid, *der;* -[e]s, -e: Hinweisschild auf dem Klo, das Männer unmißverständlich auffordert, das ☞Mandern aufzugeben, sich hinzusetzen und vom ☞Oberbachern abzusehen.

Menteroda, *das;* -s, -s: Klo, auf dem wirklich anspruchsvolle Bücher oder Zeitschriften zur Lektüre ausliegen.

Mussum, *das;* -s: der Zustand des „Dringend zwecks Stuhlganges aufs Klo Müssens»: *Die tollsten Ideen habe ich immer im Mussum.*

oberbachern, oberbacherte, hat oberbachert <itr.>: im Stehen pinkeln; auch wenn es dabei gelingen sollte, keinen ☞Titisee zu erzeugen, ist ☞Sprendlingen unvermeidbar.

ochtendung <Adv.>: beschreibt das unangenehme Gefühl, wenn man Grund zu der Annahme hat, beim ☞Pfronten eine ☞Braunlage erzeugt zu haben.

P **pfronten** <itr.>: unter großem Kraftaufwand herzhaft furzen.

pfrungen <itr.>: auf einer öffentlichen Toilette möglichst leise pressen, damit man in der Kabine nebenan nicht gehört werden kann.

potthagen <itr.>: nach einer ordentlichen Toilette Ausschau halten; je länger man potthagt, desto eher gibt man sich mit einem ☞Blasiwald oder mit einem ☞Hockeroda zufrieden.

R **rollenhagen,** hagte rollen, hat rollengehagt <itr>: in medias res auf der Schüssel sitzen und mit gequältem Gesichtsausdruck nach einer weiteren Rolle Klopapier Ausschau halten; erfolgreiches Rollenhagen führt meist zur Anwendung des ☞Hülsenbroichs.

S **Salzgitter,** *das;* -s, : ein Gitter, das ins Pißbecken geklemmt wird, um das ☞Sprendlingen zu mindern; gleichzeitig soll es verhindern, daß jemand Kippen o.ä. hineinwirft; bleibt die Frage, wer das Salzgitter saubermacht, falls letzteres doch geschieht.

schallern <itr.>: sich im drängendsten ☞Mussum auf die Schüssel setzen, dann aber doch bloß lautstark furzen.

Seitenroda, *das;* -s, -s: Kloschüssel, die statt einer Brille schwarze Gummi-Einlagen links und rechts im Porzellan hat, auf die man sich - wenn überhaupt - nur ganz zaghaft und mit maximal einer halben Backe setzt.

Sprendlingen, *das;* -s: das beim ☞Oberbachern nicht zu vermeidende Gespritze, durch welches die gesamte Umgebung der Kloschüssel gleichmäßig benetzt wird.

T **Titisee,** *der;* -s, -n: kleine gelbliche Pfütze auf dem Boden neben der Kloschüssel; viele Titiseen könnten durch einen entschiedenen ☞Manderscheid verhindert werden.

W **Wuschewier,** *das;* -s: aufgeweichte Klopapierfetzen, die zwischen den Borsten der Klobürste kleben.

Z **Zermützel,** *das;* -s: ein Häufchen von Klopapierstückchen, das sich am Boden unter einer Rolle bildet, die dermaßen fest im Halter sitzt, daß man erstmal immer nur einen winzigen, völlig unbrauchbaren Fetzen abreißt.

Suchbegriffe

Aufstöhnen, erleichtertes: *aachen*
Autobahnrastplatz, verunreinigter: *Blasiwald*
Blick, aufs Klopapier: *Hinterhagen*
Bücher, als Klolektüre: *Menteroda*
Furz, allzu kräftiger: *Braunlage*
  im Bett: *Deckenpfronn*
  kräftiger: *pfronten*
  lauter: *schallern*
  während des Pinkelns: *hullern*
Gebüsch, stark frequentiertes: *Blasiwald*
Gefühl, unangenehmes: *ochtendung*
Gespritze, unvermeidliches: *Sprendlingen*
Hinweis, an Männer: *Manderscheid*
Klo, dringend gesuchtes: *potthagen*
  einfaches: *Seitenroda*
Klobrille, fehlende: *Seitenroda*
Klobürste, verklebte: *Wuschewier*
  wenig benutzte: *Brokstreek*
Klolektüre, anspruchvolle: *Menteroda*
Klopapier, aufgebrauchtes: *rollenhagen*
  aufgeweichtes: *Wuschewier*
  benutztes: *hinterhagen*
  frisches: *Hülsenbroich*
  zerfetztes: *Zermützel*
Kloschüssel, flache: *Bolleroda*
  italienische: *Hockeroda*
  rundum benetzte: *Sprendlingen*
  schmutzige: *Brokstreek*
Mann, »männlicher«: *mandern, oberbachern, Sprendlingen*
Pfütze, aufzuwischende: *Brunsbüttel*
  kleine gelbliche: *Titisee*
Pinkeln, im Stehen: *mandern, oberbachern, Sprendlingen, Titisee*
  nach dem Sex: *Feuerbach*
  verkniffenes: *harbarnsen*

Pißbecken, vergittertes: *Salzgitter*
Pressen, leises: *pfrungen*
Scheiße, fallengelassene: *Bollschweil*
versehentlich ausgetretene: *ochtendung*
Scheißen, bevorstehendes: *Mussum*
hinausgezögertes: *Langerwehe*
leises: *pfrungen*
Spur, braune: *Braunlage, Brokstreek*
Unterhose, schmutzige: *Braunlage*
Urin, aufspritzender: *Bollschweil*
Verstopfung, schmerzhafte: *Langerwehe*

2. Die erträglichen Schwierigkeiten des Seins

Was wir als Schwierigkeiten empfinden, hat meist mit nur winzigen Abweichungen vom Normalen zu tun: Oft sind die Dinge wenig anders als sie sein sollten, und mit den meisten Fehlleistungen liegt man eben nur knapp daneben. Solche Konfrontationen mit den Tücken des Alltags als Mißgeschicke, Unglücke oder gar als Katastrophen zu bezeichnen, ist maßlos übertrieben. Wenn wir die übergekochte Milch beim Namen nennen würden, könnten Vokabeln wie die oben genannten solange in der Schublade bleiben, bis wirklich etwas passiert.

A **Achkarren,** *der;* -s, -: ein Auto, in dem man wegen seines wenig vertrauenserweckenden Zustandes und/oder Fahrers auf gar keinen Fall mitfahren möchte - selbst wenn man bereits zwei Stunden im Regen an der Autobahnauffahrt den Daumen rausgehalten hat (*»Ach, wissen Sie, mir fällt da plötzlich ein: ich will ja überhaupt nicht nach Frankfurt...«*).

B **Backnang,** *der;* -[e]s: Teig an einer Türklinke oder dem Telefonhörer - je nachdem wodurch man mitten im Teigkneten unterbrochen wurde.

bautzen, bautzte, hat gebautzt <itr.>: beim zügigen Treppensteigen den Rhythmus verlieren und stolpern, weil man sich nicht rechtzeitig entscheiden kann, ob man zwei oder drei Stufen auf einmal nehmen will.

Bodenmais, *der;* -es: die ungepoppten Körner in einer Portion Popcorn; in modernen Popcorn-Maschinen dürfte eigentlich überhaupt kein Bodenmais mehr entstehen, aber vermutlich besteht die Zahnärztliche Vereinigung auf einer gewissen Mindestquote.

Bottrop, *der;* -s, -s: Schwamm oder Lappen, den man abends in die Spüle legt, um das Geräusch des tropfenden Wasserhahns zu dämpfen, anstatt ihn zu reparieren.

Brandrübel, *der;* -s, -: Rest einer neulich übergekochten und auf der Herdplatte festgebackenen Substanz, der von da an bei jedem Einschalten des Herdes diesen Geruch nach Verbranntem erzeugt; Milchgerichte und Fertigsuppen ergeben die besten Brandrübel.

Bruchsal, *das;* -[e]s: Plastiksorte, die gemäß strengsten Qualitätsvorschriften bereits bei der geringsten Belastung zu Bruch gehen muß; Bruchsal wird hauptsächlich für die Herstellung von Cassetten- und CD-Hüllen benutzt.

Buchwitz, *der;* -es, -e: ein geschenktes Buch, mit dem der Beschenkte überhaupt nichts anzufangen weiß, da es nur wegen einer vermeintlich witzigen Namensgleichheit im Titel ausgesucht wurde: *»Mein Freund Heinz hat bald Geburtstag«, sagte er zur Buchhändlerin,*

»könnten sie mir da vielleicht einen Buchwitz empfehlen?« »Hm«, machte sie, »wie wär's denn mit Der arme Heinrich *von Hartmann von Aue?«*

Detmold, *der;* -[e]s, -e: schlecht ausgestochenes oder sonstwie mißratenes Plätzchen, das unbedingt sofort nach dem Backen gegessen werden muß, weil man so etwas Unförmiges natürlich niemandem vorsetzen kann; die Grenze zwischen gelungenen Keksen und Detmolden ist absolut fließend und hängt allein von der Naschhaftigkeit der Backenden ab.

Dinkelscherben, *die;* <Pl.>: die Brocken, in die ein frisches Vollkornbrot zerfällt, wenn man es anschneidet, bevor es sich abgekühlt hat.

Dollerup, *der;* -s, -s: besonders spektakulär angesetzter, aber schließlich völlig verunglückter Frisbee-Wurf, bei dem die Scheibe den größten Teil der Strecke am Boden kullert.

Dümmerstück, *das;* -[e]s, -e: Verhaltensweise, die ein als dämlich verschriener Mensch an den Tag legt, um seiner Umwelt zu bestätigen, daß diese Einschätzung noch leicht untertrieben ist: Gerd Müller soll sein Dümmerstück abgeliefert haben, indem er seinen Verein bei Gehaltsverhandlungen von einer Erhöhung um ein Drittel auf ein Viertel »hochgehandelt« hat.

dürrenbüchig <Adj.>: beschreibt eine Idee, die zu einem dicken Wälzer oder großen Film verarbeitet wurde, obwohl ihre Tragfähigkeit allenfalls für ein schmales Büchlein ausgereicht hätte.

ellern, *sich;* ellerte sich, hat sich geellert: sich den Musikantenknochen anhauen.

Farpen, *die;* <Pl.>: Sammelbegriff für all die Farbtöne, die als Anstrich wesentlich kräftiger (und damit ziemlich unpassend) wirken als auf einer Musterpalette oder im Topf.

Faulenrost, *der;* -[e]s, -e: Gitter in einem Kühlschrank, das schon so manches ☞Rottleben kommen und gehen sehen hat, ohne selbst je saubergemacht worden zu sein; besonders eindrucksvoll ist ein Faulenrost, durch den hindurch sich eine monatelang nicht beachtete Melone allmählich nach unten gearbeitet hat.

Filsch, *der;* -es: ein Papiertaschentuch, das sich in der Waschmaschine aufgelöst und in unendlich vielen kleinen Knöllchen auf alle anderen Wäschestücke verteilt hat.

Gallertsham, *das;* -s: die Menge Gelee, die man auf einem halben Brötchen haben möchte; gleichzeitig handelt es sich dabei um genau die Menge, die man nicht am Stück mit dem Messer zum Brötchen befördern kann, ohne daß sie ins Glas zurück glitscht oder - falls es sich um Schwarze Johannisbeere handelt - irgendwo auf der Tischdecke landet.

Gieshübel, *der;* -s, -: ein Ausgießer, der nicht über eine ausgeprägte Kante verfügt, so daß der größte Teil der Flüssigkeit außen am Gefäß hinunterläuft; besonders gut funktionierende Gieshübel sind an Wasserfilter-Kannen zu finden.

Gimmel, *der;* -s: die merkwürdige Sammlung von absolut nicht zusammengehörenden Gegenständen, die immer übrig bleibt, nachdem man beim gewissenhaften Aufräumen alles andere ordentlich an seinen Platz getan hat.

gimmeldingen, gimmeldang, hat gimmelgedungen <tr.>: den gesamten ☞Gimmel in eine Kiste oder Schublade schmeißen - mit dem Vorsatz, sich irgendwann genauer damit zu befassen.

Hebelermeer, *das;* -[e]s, -e: die Pfütze bzw. sonstige Sauerei, die unweigerlich entsteht, wenn man einen fest verschlossenen Behälter unsachgemäß zu öffnen versucht: *Wenn es dir Spaß macht, kannst du ruhig die Konservendose mit dem Schraubenzieher aufhebeln - Hauptsache du wischst nachher auch das Hebelermeer weg.*

Höxter, *der;* -s, -: kleine Erhebung unter einem frisch verlegten Teppichboden, die anzeigt, wo noch ein Gipsbröckchen gelegen hat, bzw. wo das Feuerzeug abgeblieben ist.

Kaltwasser, *das;* -s, -: die schaumlose, trübe, fettige Brühe, mit der man die zweite Hälfte des Abwaschs erledigt, obwohl sie nicht mehr die geringste Reinigungswirkung besitzt.

Kaufungen, *die;* <Pl.>: all das Zeug, das man nur gekauft hat, um nicht mit leeren Händen von einem ausgedehnten Einkaufsbummel zurückzukommen, in dessen Verlauf man partout nichts von dem finden konnte, was man ursprünglich haben wollte.

Kautzsch, *das;* -: die Sprache, in welche eine japanische Gebrauchsanleitung übersetzt wird, bevor ein Gerät auf den deutschen Markt kommt; korrektes Kautzsch kann man nur in dem einstündigen Schnellkurs an der Volkshochschule Yokohama lernen.

Kirn, *der;* -[e]s: unerwartete Festkörper in einem Getränk; z.B. Brösel, die durch Stippen in den Kaffee gelangt sind, oder eine Kippe in einer Flasche Bier am Ende der Party; Kirn birgt stets die Gefahr des ☞Schlüchterns bzw. »Verkirnens« (schwäbisch) in sich.

kleinbrösern, kleinbröserte, hat kleingebrösert <tr.>: eine Brotscheibe total zerbröseln bei dem Versuch, sie mit ☞scheibenharter Butter zu bestreichen.

Kleve, *die;* -: jedes an sich ungeeignete Material, das zum notdürftigen Kleben zweckentfremdet werden kann; z.B. Kaugummi, Spucke oder Honig; einige Klebstoffhersteller betreiben regelrechten Etikettenschwindel, indem sie sogenannten »Alleskleber« verkaufen, der bestenfalls die Bezeichnung »Alleskleve« verdient hätte.

Klitschmar, *das;* -s: das glibberige Weiße in einem zu kurz gekochten Ei.

Klixbüll, *das;* -s: die kleine Weile nach dem letzten Blinken des Selbstauslösers, während der allen das Lächeln schon wieder aus dem Gesicht fällt, *bevor* die Kamera auslöst; angesichts der vielen Bilder, die dadurch verdorben werden, ist anzunehmen, daß sich die Filmehersteller die Einführung des Klixbülls durch die Kamerahersteller einiges haben kosten lassen.

K **Klotten,** *die;* <Pl.>: der Teil der Garderobe, der zwar Platz im Kleiderschrank beansprucht, den man jedoch nie mehr anzieht.

Knapsack, *der;* -s: eine Tüte oder ein Gepäckstück, das gerade eben nicht für den Gegenstand reicht, den man darin zu transportieren gedenkt.

L **Leipzig** <Adj.>: unbestimmtes Zahlwort für alle Gelegenheiten, in denen man ein bißchen unpräzise sein möchte: *»Ich hab mindestens leipzig Kilo abgenommen.«* oder *»Jedes leipzigste Los gewinnt!«* oder *»Dürfen's auch leipzig Gramm mehr sein?«*

Linz, *der;* -s, -e: zielgenau und schmerzhaft ins Auge schießender Saftstrahl beim Pellen einer hartnäckig an ihrer Schale hängenden Apfelsine.

Lippstadt, *das;* -s: Stelle im Gesicht, die man trifft, wenn man versucht, jemanden auf den Mund zu küssen, der das nicht möchte und sich deshalb im letzten Moment wegdreht.

lötzschen <tr.>: beim Löschen einer Kerze das flüssige Wachs auf die Tischdecke blasen.

M **Milwaukee,** *das;* -s, -s: das letzte musikähnliche Geräusch, das man im Walkman-Kopfhörer vernimmt, bevor die Batterien ganz den Geist aufgeben.

N **Nausis,** *die;* -: Verhaltensweise, die einen Menschen eindeutig als Banausen ausweist; zwei populäre Formen der Nausis: Die angesichts eines abstrakten Gemäldes gestellte Frage »Und was soll das sein?« und frenetischer Beifall in der kurzen Pause zwischen zwei Konzertsätzen.

Neuenbrok, *der;* -[e]s: der erste Kratzer an einem teuren Gegenstand; auch wenn der Neuenbrok oft mit Entsetzen zur Kenntnis genommen wird, hat er doch meistens zur Folge, daß man deutlich lockerer mit der entsprechenden Neuerwerbung umgeht und sie nicht mehr so verbissen hüten und schützen muß.

P

Pannewitz, *der;* -es, -e: kleine Bemerkung, mit der man ein Mißgeschick wider besseres Gefühl und/oder Wissen verharmlost; Beispiele: *»Nichts passiert«* oder *»Muß man alles mal erlebt haben«* oder *»Gleich geht's weiter«*

Plattling, *der;* -[e]s, -e: ein Soufflé oder ein Rührkuchen, bei dem jemand die Backofentür vor der Zeit geöffnet hat.

plön <Adj.>: beschreibt etwas, das in einem Film oder Buch schön und witzig ist, das aber in der Realität angewendet eher peinlich und/oder blöde wirkt; so sind z.B. die meisten in Filmen vorgeführten Methoden des Flirtens schlichtweg plön.

Prisser, *der;* -s, -: ein Kondom, das beim Auspacken beschädigt wurde oder das erstmal falschherum angesetzt wurde bzw. in einem überempfindlichen Augenblick - kurz: ein Gummi, das man vergessen kann.

R

Rödermark, *die;* -, Rödermärker: absolut normal aussehendes Geldstück, das ein Automat aus völlig schleierhaften Gründen immer wieder durchfallen läßt.

rödern <itr.>: dasselbe Geldstück so oft in denselben Automaten werfen, bis man schließlich akzeptieren muß, daß es sich um eine ☞Rödermark handelt.

Rottleben, *das;* -s: neues Leben, das sich im Kühlschrank in gewissenhaft aufgehobenen, dann aber vergessenen Essensresten regt.

Rotzel, *das;* -s, -: ein (sehr) benutztes fremdes Taschentuch, das man unverhofft in die Finger kriegt, während man zwischen Polstern nach seinem Schlüsselbund o.ä. sucht; einige Menschen scheinen das Hinterlassen von Rotzeln für eine gesellschaftliche Pflicht zu halten.

S

Sauggart, *der;* -s, -s: Duschvorhang aus zu leichtem Material, der sich gern großflächig an nasser Haut festsaugt.

sautzschen, sautzschte, hat gesautzscht <itr.>: mit einem Teil des Schaschliks (inklusive Beilagen und Sauce) das Tischtuch versauen, weil sich eines der Fleischstücke nur unter erheblichem Kraftaufwand und ruckartig mit der Gabel vom Spieß streifen läßt.

Schalense, *die;* -, -n: die immer schwieriger werdende Suche nach einer ungeknackten Pistazie oder Erdnuß in einer Schüssel, die gleichzeitig als Abfallbehälter für die Schalen genutzt wird.

scheibenhardt <Adj.>: beschreibt ein Stück Butter, das frisch aus dem Kühlschrank kommt, und daher viel besser zum ☞Kleinbrösern als zum Bestreichen einer Brotscheibe geeignet ist*: Manche Menschen bevorzugen Margarine, weil diese höchst selten scheibenhardt wird.*

Schierschnitz, *der;* -es, -e: das unförmige Stück Brot, das anfällt, wenn man einen Brotlaib begradigt, von dem zuvor jemand total schief abgeschnitten hat.

Schierschwende, *die;* -: ein ☞Schierschnitz, der nicht rundherum über Rinde verfügt und daher beim Bestreichen unweigerlich ☞kleingebrösert wird.

schlüchtern <itr.>: heftig husten, weil man sich an ☞Kirn verschluckt hat.

schneidhart <Adj.>: beschreibt die trockene »Rinde« eines Kuchenstückes (z.B. Käsekuchen oder Linzertorte): So hart, daß beim Zerteilen mit der Gabel mindestens eine Hälfte vom Teller springt.

Schweich, *der;* -[e]s, -e: frische Hundescheiße, die so weich ist, daß sie beim Reintreten auch die winzigsten Profil-Zwischenräume auszufüllen vermag; **schweich** <Adj.>: so weich wie Schweich.

Solikante, *die;* -, -n: die Stelle in einem Musikstück, ab der ein Instrumentalsolo unerträglich wird; mittelmäßige Gitarristen pflegen die Solikante meist zu überschreiten.

Spaltenstein, *der;* -[e]s, -e: ein gespaltener Pfirsichkern, bei dessen Anblick einem die Lust auf den Rest des Pfirsichs vergehen kann.

Sprakebüll, *das;* -s, -s: die Zwangspause mitten in der schönsten Erregung, wenn zwei Leute, die sich noch nicht lange kennen, sich zielstrebig auf Geschlechtsverkehr zubewegen, und einer von beiden doch noch das Thema Verhütung (oder AIDS) zur Sprache bringen möchte.

Streichwitz, *der;* -es, -e: der Hinweis auf Farbeimern, wonach die Farbe »auch auf dunklem Untergrund bereits beim ersten Anstrich hoch deckend« sein soll.

T **Treschklingen,** *die;* <Pl.>: diejenigen Küchenmesser, die mittlerweile so stumpf sind, daß man eine Tomate oder eine Zwiebel damit nur noch zerdrücken, aber nicht mehr schneiden kann; weil Treschklingen niemals nachgeschliffen oder weggeworfen werden, bilden sie irgendwann den Hauptbestandteil der Besteckschublade.

U **Überhamm,** *der;* -s, Überhämme: die Menge Nuß-Nougat-Creme, die sich absolut nicht aus dem Glas kratzen läßt; bei einigen Herstellern läßt das Design des Glases darauf schließen, daß der Überhamm ganz wesentlich zum Umsatz beiträgt.

ürzig <Adj.>: so schmeckt ein Gericht, bei dem man das unbestimmte Gefühl hat, es fehle noch eine winzige Zutat.

V **Visselhövede,** *die;* -: das kleine Tänzchen, welches eine unwuchtig beladene Wäscheschleuder aufführt.

Vorwerk, *das;* -[e]s, -e: das, was man auf jeden Fall leisten muß, bevor man mit der eigentlichen Arbeit anfangen kann, bei dem man es dann aber auch häufig beläßt; so ruft z.B. das Zusammenstellen des Geschirrs vor dem Abspülen oft das Gefühl hervor, daß es doch noch nicht so dringend damit ist.

W **Wicklesgreuth,** *der;* -[e]s: die heillose Verwurstelung eines langen Telefonkabels; falls das Spiralkabel davon betroffen ist, kann man beim Abheben des Hörers ohne weiteres den ganzen Apparat vom Tisch ziehen.

wien, <Adj.>: Behelfs-Adjektiv zur Beschreibung von Gegenständen, Gefühlen oder Leuten, die einem irgendwie bekannt vorkommen, bei denen man aber beim besten Willen nicht darauf kommt, an was (bzw. wen) sie einen erinnern; *Entschuldigen Sie, daß ich Sie einfach so anspreche, aber sie sehen unheimlich wien aus.*

Wusse, *die;* -: der Stoff in Reichweite eines Reißverschlusses, der vom ☞Wusswerk eingeklemmt werden kann; ein guter Schlafsack zeichnet sich dadurch aus, daß er möglichst wenig Wusse aufweist.

Wusswerk, *das;* -[e]s, -e: die spezielle Mechanik in einem Reißverschluß, die es ermöglicht, größere Mengen Stoff hineinzuziehen, um dann in beide Richtungen zu blockieren.

zermüllen, zermüllte, hat zermüllt <tr.>: ein nur leicht defektes Gerät im Zuge eigener Reparaturversuche nach und nach dermaßen kaputt machen, daß nicht einmal mehr der Fachmann, den man sich ursprünglich sparen wollte, es vor der Mülltonne retten kann.

zwickau <Adj.>: wenn man Sporthosen aus Lycra längere Zeit nicht wäscht, werden sie zwickau.

Suchbegriffe

Apfelsine, spritzende: *Linz*
Arbeit, vor der Arbeit: *Vorwerk*
Aufräumen, unvollständiges: *gimmeldingen*
Ausgießer, unpraktischer: *Gieshübel*
Auto, zweifelhaftes: *Achkarren*
Automat, wählerischer: *Rödermark, rödern*
Banause, erkennbarer: *Nausis*
Batterien, verbrauchte: *Milwaukee*
Behälter, fest verschlossener: *Hebelermeer*
Bemerkung, verharmlosende: *Pannewitz*
Brösel, gefährliche: *schlüchtern*
im Kaffee: *Kirn*
Brotscheibe, unbrauchbare: *Schierschwende*
unförmige: *Schierschnitz*
zerstörte: *kleinbrösern*
Brühe, trübe fettige: *Kaltwasser*
Buch, dickes: *dürrenbüchig*
unbrauchbares: *Buchwitz*
Butter, harte: *kleinbrösern, scheibenhardt*
Deutsch, merkwürdiges: *Kautzsch*
Dummheit, erwiesene: *Dümmerstück*
Duschvorhang, leichter: *Sauggart*
Ei, kurz gekochtes: *Klitschmar*
Einkäufe, unnötige: *Kaufungen*
Ellbogen, angeschlagener: *ellern*
Erdnüsse, geschälte: *Schalense*
Farben, dünne: *Streichwitz*
unpassende: *Farpen*
Film, seichter: *dürrenbüchig*
Frisbeescheibe, verworfene: *Dollerup*
Gebrauchsanleitung, unverständliche: *Kautzsch*
Gegenstände, neue: *Neuenbrok*
nicht zusammengehörende: *Gimmel*
Geldstück, durchgefallenes: *Rödermark, rödern*

Gelee, zuviel: *Gallertsham*
Gepäckstück, unzureichendes: *Knapsack*
Geräusch, musikähnliches: *Milwaukee*
Gewürz, fehlendes: *ürzig*
Gitarrensolo, unerträgliches: *Solikante*
Gummi, unbrauchbares: *Prisser*
Herdplatte, schmutzige: *Brandrübel*
Hundescheiße, frische: *Schweich*
Kamera, selbstauslösende: *Klixbüll*
Kippe, im Bier: *Kirn*
Klamotten, stillgelegte: *Klotten*
Klebstoff, ungeeigneter: *Kleve*
Kondom, beschädigtes: *Prisser*
Kratzer, erster: *Neuenbrok*
Kuchen, harter: *schneidhart*
verunglückter: *Plattling*
Küchenmesser, stumpfe: *Treschklingen*
Kühlschrank, selten gereinigter: *Faulenrost, Rottleben*
Leben, neues: *Rottleben*
Milch, übergekochte: *Brandrübel*
Mund, verfehlter: *Lippstadt*
Nuß-Nougat-Creme, unerreichbare: *Überhamm*
Papiertaschentuch, aufgelöstes: *Filsch*
fremdes: *Rotzel*
Pause, erregte: *Sprakebüll*
Pfirsichkern, gespaltener: *Spaltenstein*
Pistazien, gesuchte: *Schalense*
Plastik, empfindliches: *Bruchsal*
Plätzchen, mißratenes: *Detmold*
Popcorn, ungepopptes: *Bodenmais*
Realität, gnadenlose: *plön*
Reißverschluß, blockierender: *Wusse, Wusswerk*
Reparatur, mißglückte: *zermüllen*
Rhythmus, verlorener: *bautzen*
Sauerei, vermeidbare: *Hebelermeer*
Schaschlik, umherfliegendes: *sautzschen*
Schwamm, geräuschdämpfender: *Bottrop*
Soufflé, eingesunkenes: *Plattling*

Sporthosen, ungewaschene: *zwickau*
Spülwasser, erkaltetes: *Kaltwasser*
Stufen, übersprungene: *bautzen*
Taschentuch, hinterlassenes: *Rotzel*
Teig, deplazierter: *Backnang*
Telefonkabel, verwursteltes: *Wicklesgreuth*
Treppe, tückische: *bautzen*
Tüte, unzureichende: *Knapsack*
Verhütung, zu besprechende: *Sprakebüll*
Vollkornbrot, frisches: *Dinkelscherben*
Wäscheschleuder, tanzende: *Visselhövede*
Wasserhahn, undichter: *Bottrop*
Zahlwort, ungenaues: *leipzig*

3. Die wundersame Welt der unbenannten Dinge

Obwohl man täglich mit ihnen umgeht und es sich oft sogar um ganz konkrete Gegenstände handelt, heißen merkwürdigerweise viele Dinge »Das da«. Andere wiederum werden von der Öffentlichkeit überhaupt nicht registiert, an ihnen bewahrheitet sich der Satz: »Die Grenzen meiner Sprache sind die Grenzen meiner Welt.« Leider wird im Zeitalter der Telekommunikation der ausgestreckte Zeigefinger als Mittel der Bezeichnung dramatisch an Bedeutung verlieren, es ist also höchste Zeit, das Unbenannte energisch zu bekämpfen, es mit Wörtern zu treffen, wo immer es sich zeigt, und damit en passant auch noch die Welt ein wenig zu vergrößern.

A **Aftersteg,** *der;* -[e]s, -e: das mittlere Verbindungsstück eines String-Tangas.

B **Bademeusel,** *die;* <Pl.>: die kleinen Furchen, die sich während eines längeren Wannenbades an den Fingerkuppen bilden.

Belleben, *das;* -s, -: das Gekläffe, Getrappel und Gerscharre, welches einsetzt, sobald man an der Tür eines Hundebesitzers läutet: *Angesichts des eindrucksvollen Bellebens wartete der Vertreter gar nicht erst, bis die Tür geöffnet wurde.*

Bettrum, *das;* -[e]s, -s: Sammelbegriff für alles, was irgendwo im oder ums Bett herumliegt; ein gut sortiertes Bettrum umfaßt Bücher mit Lesezeichen, einzelne Socken, Kleenex-Schachteln, angebrochene Aspirinpackungen, Kondom-Hüllen und des Nachts gewöhnlich auch Menschen.

Beuel, *das;* -s, -: das Ding, welches ein Ballettänzer vorne in seine Trikothose tut, um eine schöne und vor allem symmetrische Beule zu erzeugen.

Bielefeld, *das;* -(e), -er: auf dem Spielplan eines Gesellschaftsspieles eingezeichnetes Feld für die Ablage eines Kartenstapels, den man ebensogut irgendwo auf dem Tisch plazieren könnte: *»Je mehr Bielefelder, desto größer der Spielplan, desto größer die Packung und desto höher der Verkaufspreis; also nicht vergessen: Pflegst du sehr das Bielefeld, verdienst du mit dem Spiele Geld.«* (aus: Kleiner Leitfaden für den Spiele-Designer, Ravensburg 1978)

Birnhorn, *das;* -[e]s, Birnhörner: ein besonders großer Pickel mitten auf der Stirn.

Blankenloch, *das;* -[e]s, Blankenlöcher: das nur in Zeichentrickfilmen vorkommende Loch in Türen oder Wänden, welches exakt den Umriß der Figur zeigt (bei Carl dem Coyoten inkl. der Schnurrhaare), die da hindurchgerast ist.

Bommerholz, *das;* -es, Bommerhölzer: ein Brettchen, das man beim

Schreinern dazwischenlegt, damit man mit dem Hammer das eigentliche Werkstück nicht beschädigt.

Bordelum, *das;* -s, -s: Konservendose o.ä., die man im Supermarkt in der Nähe der Kasse in einem völlig falschen Regal findet, wo sie ein Kunde deponiert hat, der sie offensichtlich nicht kaufen, sondern nur ein wenig im Einkaufswagen herumfahren wollte.

Borstel, *das;* -s -: die ausfahrbare Bürste an einer Staubsaugerdüse; damit kann man auf glatten Böden den ganzen Dreck in die Zimmerecken oder unter die Möbel schieben, damit er nicht weggesaugt wird.

C ▶ **Castrop-Rauxel,** *das;* -s: Lateinisch für ☞ Wanne-Eickel.

Cleve, *die;* -: das hartnäckige, zähe Zeug, das nach dem Abziehen von Klebe-Etiketten übrigbleibt.

Cleverns, *die* <Pl.>: die kleinen Röllchen, die beim Verreiben von ☞Cleve entstehen; Cleverns werden umso dunkler und schmieriger, je länger man es versucht.

Creez, *die;* -, -en: langes, trockenes Stück Kreide, mit dem man auf einer (ebenfalls trockenen) Tafel rumkreischen kann: *Der Lehrer brauchte die Creez nur die Hand zu nehmen, und schon lief uns ein Schauer über den Rücken.*

D ▶ **Düsedau,** *der;* -s, -s: das Geräusch welches in Zeichentrickfilmen eine losrennende Figur begleitet (Paradebeispiel: Fred Feuerstein).

F ▶ **Freiburg,** *die;* -, -en: eine leerstehende Wohnung, deren Besitzer dermaßen klare und unumstößliche Vorstellungen von den künftigen Mietern hat, daß er Unverheirateten, Leuten mit Kindern, Ausländern, Hundehaltern, Studenten etc. nicht einmal die Gnade einer Besichtigung gewährt, sondern ihnen stattdessen ohne rot zu werden vorlügt, der Interessent davor habe (leider, leider) gerade eben den Zuschlag erhalten.

G **Geschwand,** *das;* -es, Geschwänder: ein lange getragenes Kleidungsstück, von dem man sich trotz seiner irreparablen Auflösungserscheinungen nicht trennen kann.

Großmuß, *das;* Großmusses: ein Buch (bzw. ein Film), von dem man an allen Ecken und Enden hört, daß man es (bzw. ihn) UNBE-DINGT gelesen (bzw. gesehen) haben muß.

Grundschöttel, *der;* -s: die Menge Zucker, die sich nicht aus einem Zuckerspender herausschütteln läßt, ohne daß man den Deckel abschraubt.

H **Hamburg,** *die;* -, -en: eine traumhafte Wohnung (Stuckdecken, Parkettboden, Erkerfenster, genialer Schnitt, riesiges Badezimmer, Kabelanschluß, Einbauküche mit Spülmaschine), die man unbedingt haben will – selbst wenn man dafür vor dem Vermieter die meisten seiner Überzeugungen, Hobbies und Neigungen verleugnen müßte: ja, selbstverständlich wolle man demnächst heiraten; nein, Kinder seien keine geplant, da jeder in seiner gutdotierten Stellung Karriere zu machen hoffe; nein, diese ganze moderne Musik finde man geradezu abscheulich, man habe zwar eine hervorragende Stereoanlage, höre aber hauptsächlich Largos und Adagios.

Hartschwand, *der;* -[e]s, Hartschwände: die Zeitspanne, die ein Mann braucht, um eine zweite (bzw. weitere) Erektion kriegen zu können (Anm.d.Red.: Ließe sich dieser Begriff nicht sehr schön in Partnerschaftsanzeigen anwenden? Wir meinen, daß Angaben wie »Hartschw. 12 min« oder »HS über 1 Std. zweckl.« gut zur Eingrenzung der gewünschten Zielgruppe taugen).

Hebstahl, *der;* -s, Hebstähle: Universalbegriff für alle metallenen Hebevorrichtungen, für die sich eine eigene Bezeichnung nicht lohnt; z.B. das Ding, mit dem man den Drahtkorb aus der Friteuse holt, oder die Griffzange beim Camping-Geschirr.

Heimsheim, *das;* -[e]s, -s: der Ort (Raum, Sessel) in der eigenen Wohnung, wo man sich am allerliebsten aufhält.

Hemsbünde, *die;* <Pl.>: die rundgeschnittene untere Partie eines Herrenhemdes, die man in die Hose gestopft - es sei denn, eine modische Laune verlangt, daß die Hemsbünde unter Westen oder Wollpullovern hervorschauen.

Hinterzarten, *die* <Pl.>: Klasse von Duschgels, die ein Verdunstungsmittel und/oder ätherische Öle enthalten, was besonders dann zu spüren ist, wenn sie zwischen die Pobacken gespült werden: *Die Firma Blendax brachte mit »Cliff« eines der ersten Hinterzarten auf den Markt.*

Hohenwulsch, *der;* -es: anatomische Bezeichnung für das, was über den Bund einer Hose quillt, die man nur mit extrem eingezogenem Bauch zumachen konnte.

Hundshübel, *der;* -s, -: hartgetrocknete Hundescheiße, die einem wochenlang an der selben Stelle auffällt.

Indling, *der;* -s, -e: Wäschestück, das man im Inneren eines Bettbezuges findet, nachdem man ihn unzugeknöpft in die Maschine getan hat.

Issum, *das;* -s, -s: feststehender Sachverhalt, den zwar keiner erschöpfend erklären kann, von dem sich aber alle sicher sind, daß er schon immer so war: *»Papi, warum fahren wir eigentlich jedes Jahr auf diesen Campingplatz nach Klagenfurt?« - »Frag nicht, Liebling. Das ist einfach ein Issum.«*

Kehrsatz, *der;* -es: der kleine Rest von zusammengekehrtem Staub und Dreck, den man nie auf die Kehrschaufel bekommt.

Klappholz, *das;* -es, Klapphölzer: das Ding, welches im Schulsport anstelle einer Pistole für den Startschuß benutzt wird.

Kleinkorga, *das;* -s, -s: das sinnlose Stück Naturkork in einem Plastik-Sektkorken (z.B. bei Faber).

Kneese, *die;* -: das knetbare Innere eines Brötchens; die meiste Kneese erhält man, indem man das Brötchen rundherum einschneidet und die Hälften durch Drehen voneinander löst.

Kruspis, *die* <Pl.>: die Stücke der Kruste eines aufgebackenen Brötchens, die beim Aufschneiden abplatzen und sich großflächig über den ganzen Tisch verteilen.

Kuchelmiß, *der;* Kuchelmisses: ein Gegenstand, von dem einem die Werbung einreden will, er fehle in der eigenen Küche (Spargelzange, Baguetteschneidemaschine, etc.), der aber nach dem Kauf so gut wie nie benutzt wird; ein ganzer Industriezweig ist auf die Entwicklung von immer neuem Kuchelmiß spezialisiert.

Laase, *die;* -, -n: wenn etwas nicht eigentlich geklebt, sondern vielmehr kraft der Adhäsion angeklatscht wird, spricht man nicht von Klebstoff, sondern von Laase; bekanntes Beispiel: ☞ Platenlaase.

Langeoog, *der;* -[e]s: besonders ausführlicher ☞Loog (Computer Horoskop, Elektrowaagen Ausdruck, Biorhythmus Analyse etc.).

Leiberstung, *der;* -s: die besondere Atmosphäre, die am Morgen nach einer aktiven Nacht ein schlecht gelüftetes Schlafzimmer erfüllt.

Lengede, *die;* -, -n: die maximale Reichweite zwischen Zehenspitzen und ausgestreckten Fingern; für Eltern ist die Lengede der Kinder ein wichtiges Kriterium bei der Lagerung von gefährlichen Gegenständen und Keksdosen, im Erwachsenenalter reicht sie meist gerade nicht, um ein ☞Obing herunterzuholen.

Lipperts, *die;* <Pl.>: die kleinen Grübchen, die sich am Kinn bilden, wenn man die Lippen aufeinanderpreßt.

Lippetal, *das;* -[e]s, Lippetäler: {poetisch} die Furche zwischen Nase und Oberlippe.

Löffelsterz, *der;* -[es], -en: die kleine Aussparung im Deckel einer Zuckerdose oder eines Honigtopfes, durch die der Löffelstiel herausragt.

Loog, *der;* -[e]s: maschinell erstellte (und daher sinnentleerte) Botschaft, die einen gewissen Human touch erzeugen soll, im Prinzip aber eine bisher unbekannte Art der Lüge darstellt; z.B. die Nachricht auf dem Computermonitor »Augenblick bitte, ich rechne...« oder ein Willkommensgruß in der Digitalanzeige einer Kaufhauskasse.

Looganlage, *die;* -, -n.: Maschine, die ☞Loog produziert; z.B. eine Registrierkasse, die »Vielen Dank für Ihren Einkauf« auf jeden Bon stempelt.

Mehrhoog, *der;* -[e]s: Sammelbegriff für alles, was nach dem ☞Menzenschwand noch da ist.

Menzenschwand, *der;* -[e]s, Menzenschwände: das, was von einem kalten Büffet am schnellsten verschwindet, sobald sich herumgesprochen hat, was genießbar ist und was nicht.

Mittelstille, *die;* -, -n: die kurze Pause zwischen den Sätzen eines Konzertes; in jedem Publikum sitzen mindestens zwei Banausen, die während der Mittelstille applaudieren.

Namedy, *die;* -: journalistischer Fachbegriff für die sprachliche Verrenkung, mit der man in einer Reportage die wiederholte Nennung desselben Namens vermeidet und gleichzeitig noch ein wenig überflüssige Information über die betreffende Person loswird; Beispiele: *»der Mittvierziger«* oder *»die Oscar-Preisträgerin des Jahres 1964«* oder *»der Elmshorner«* etc.

Niederzier, *die;* -: schamhafte Bezeichnung für Genitalschmuck.

Nitzlbuch, *das;* -[e]s, Nitzlbücher: ein Katalog, Kalender, Fahrplan o.ä., der am Ende aus buchbindetechnischen Gründen eine beträchtliche Anzahl von leeren Seiten enthält, die angeblich für »Notizen« vorgesehen sind.

Nußloch, *das;* -[e]s, Nußlöcher: die Mulde, die ein Messer nach dem ersten Eintauchen in einem frischen Glas Nuß-Nougat-Creme hinterläßt.

O **Obing,** *das;* -s, -er: ein Gegenstand, der ganz hinten auf dem Küchenschrank steht und nur bei einem Umzug heruntergenommen wird; vor allem ☞Kuchelmiß endet meist als Obing.

Otze, *die;* -, -n: das individuelle Schweiß-Aroma jedes einzelnen.

Otzing, *das;* -s, -s: oft getragenes T-Shirt, welches nach häufigem Vollschwitzen und anschließendem Trocknenlassen die ☞Otze seines Trägers in hochkonzentrierter Form enthält.

P **Pahnstangen,** *die;* <Pl.>: drei Tage alte Baguettes.

Pirmasens, *der;* -[es]: die letzte blödsinnige, aber kuriose Meldung, ohne die offensichtlich keine Nachrichtensendung mehr aufhören darf; bevor er »Das Wetter« sagt, präsentiert Ulrich Wickert stets den einen oder anderen Pirmasens.

Platenlaase, *die;* -, -n: die spezielle ☞Laase, mit der sich ein Glatzkopf einige lange Strähnen aus seinem Haarkranz quer über die Pläte pappt.

Pressath, *das;* -[e]s: die erstaunliche Menge Abfalls, die noch in den Küchenmülleimer paßt, nachdem man bereits festgestellt hat, daß er absolut voll ist, und ihn jemand leeren sollte.

Putbus, *der;* Putbusses, Putbusse: einer von diesen japanischen (Ultra-)Kleinbussen, die aussehen, als würden sie bei einem Windstoß oder in einer scharfen Kurve einfach umfallen.

Q **Quelkhorn,** *das;* -[e]s, Quelkhörner: Autohupe die man im Inneren des Wagens selbst bei ausgeschaltetem Motor kaum hören kann; 2CVs wurden serienmäßig mit Quelkhörnern ausgestattet.

R **Rosperwenda,** *der;* -s, -s: korrekte Bezeichnung für einen dieser alten Toaster mit Klappen an beiden Seiten, bei denen man den Toast beizeiten selbst wenden muß.

Rottmar, *das;* -s: die Substanz, die sich unten im Mülleimer ansammelt, wenn die Mülltüte undicht war; egal aus was der Müll besteht - Rottmar stinkt überall auf der Welt genau gleich.

Rückholz, *das;* -es, Rückhölzer: korrekte deutsche Bezeichnung für einen Bumerang.

S **Salzkotten,** *die;* <PL.>: die weißen Ränder in einem schwarzen ☞Otzing.

Schafspreskeln, *die;* <Pl.>: die Bestandteile von Wolle, die auch dann noch auf der Haut kratzen, wenn man zwei Hemden unter dem Pullover trägt; in einigen Naturwaren-Läden kann man Stricksachen kaufen, die zu 100% aus Schafspreskeln bestehen.

Schaltwarte, *die;* -, -n: die Zeitspanne, die man beim unmotivierten »Zapping« durch sämtliche Fernsehkanäle einem Programm einräumt, unterhaltsam zu sein, bevor man gnadenlos weiterschaltet.

Schladming, *das;* -s: die nach dem Umrühren am Löffel baumelnde Haut von gekochter Milch oder Kakao.

Schopfloch, *das;* -[e]s, Schopflöcher: Beginn einer Glatze am höchsten Punkt der Schädeldecke; ein Schopfloch hat stets die Tendenz, sich mit den Geheimratsecken zusammenzutun.

Schwallungen, *die;* <Pl.>: bei Schwallungen handelt es sich um jene Redewendungen, unter Zuhilfenahme derer es durchaus im Bereich des Möglichen liegt, auch solche Sachverhalte denen selbst eine gewisse Mindest-Bedeutung nicht ohne weiteres beigemessen werden kann, mit einer zum Inhalt in krassem Mißverhältnis stehenden, nicht unbeträchtlichen Anzahl von Worten zur Darstellung zu bringen; in Anbetracht der Tatsache, daß sich das Gehalt eines Pressesprechers nach den von ihm hervorgebrachten Schwallungen richtet, ist ihre große Beliebtheit nicht weiter verwunderlich.

Springstille, *die;* -: der hauptsächlich in Zeichentrickfilmen vorkommende Moment, bevor eine Figur, die über eine Klippe o. ä. hinausgerannt ist, der Schwerkraft gehorcht; wenn z. B. Carl der Coyote entdeckt, daß er längst über dem Abgrund hängt, nutzt er die Springstille erst zu dem Versuch zurückzurennen und blickt dann noch schulterzuckend und resignierend in die Kamera, um schließlich mit einem »Schwupp!« dem ☞ Winnekendonk entgegenzustürzen.

Stauda, *das;* -s, -s: die Taste, die ein Rundfunksprecher drückt, bevor er die Verkehrsmeldungen verliest.

Streitholz, *das;* -es, Streithölzer: Hauptverwendungszweck eines Nudelholzes - wenn man einschlägigen Comics Glauben schenken darf.

U ▶ **Unterigling,** *der;* -s, -e: haariges Staubknöllchen ganz hinten unter einer schweren Kommode, welches erst bei einem Umzug das Licht der Welt erblickt.

Unterstoppel, *die;* -, -n: abrasiertes Schamhaar.

W ▶ **Wanne-Eickel,** *der;* -s: das, was nach Ablassen des Badewassers in der Wannc zurückbleibt.

Wattenwil, *das;* -s, -e: Tampon ohne Schnur, den der Zahnarzt seinem Patienten in die Backentasche klemmt.

Winnekendonk, *der;* -[e]s: das dumpfe Geräusch, verbunden mit einem heftigen Wackeln des Bildes, welches anzeigt, daß die betreffende Zeichentrick-Figur nach der ☞Springstille unten in der Schlucht aufgeschlagen ist.

Z ▶ **Zorneding,** *das;* -[e]s, -er: Gegenstand oder Sachverhalt, an dem sich ein Streit entzündet, der schon seit Langem in der Luft lag und folglich mit dem Zorneding selbst eigentlich überhaupt nichts zu tun hat.

Zwischendeich, *der;* -[e]s, -e: der Plastik-Balken an der Supermarktkasse, mit dem man seine Einkäufe von denen des nächsten Kunden trennen soll.

Suchbegriffe

Abfall, komprimierter: *Pressath*
Aufkleber, abgezogene: *Cleve, Clevrns*
Badewasser, abgelassenes: *Castrop-Rauxel, Wanne-Eickel*
Baguette, altes: *Pahnstangen*
Balken, im Supermarkt: *Zwischendeich*
Ballettänzer, ausgebeulter: *Beuel*
Bauch, eingezogener: *Hohenwulsch*
Bettbezug, offener: *Indling*
Botschaft, sinnentleerte: *Loog*
Brettchen, behämmertes: *Bommerholz*
Brötchen, aufgebackenes: *Kruspis*
seziertes: *Kneese*
Buch, unbedingt zu lesendes: *Großmuß*
Buffet, abgeräumtes: *Mehrhoog*
kaltes: *Menzenschwand*
Bumerang, deutscher: *Rückholz*
Bürste, ausfahrbare: *Borstel*
Dreck, schwer erreichbarer: *Unterigling*
übriger: *Kehrsatz*
Duschgel, modernes: *Hinterzarten*
Erektion, weitere: *Hartschwand*
Fingerkuppen, aufgeweichte: *Bademeusel*
Furche, kleine: *Lippetal*
Gegenstände, auf Küchenschränken: *Obing*
im Bett: *Bettrum*
folgenschwere: *Zorneding*
unnütze: *Kuchelmiß*
Genitalschmuck, schamhaft bezeichneter: *Niederzier*
Gesellschaftsspiel, teures: *Bielefeld*
Grübchen, am Kinn: *Lipperts*
Haare, angeklatschte: *Platenlaase*
ausgehende: *Schopfloch*
Hemd, Teil vom: *Hemsbünde*
Hose, enge: *Hohenwulsch*

Hund, hinter Tür: *Belleben*
Hundescheiße, alte: *Hundshübel*
Hupe, schwache: *Quelkhorn*
Klebstoff, für Haare: *Platenlaase*
untauglicher: *Laase*
Kleidungsstück, innig geliebtes: *Geschwand*
Kleinbus, japanischer: *Putbus*
Konservendose, deplazierte: *Bordelum*
Konzert, Pause im: *Mittelstille*
Korken, zweckfreier: *Kleinkorga*
Kreide, kreischende: *Creez*
Löffel, herausragender: *Löffelsterz*
Luft, schlechte: *Leiberstung*
Milch, gekochte: *Schladming*
Mülleimer, voller: *Pressath*
Mülltüte, undichte: *Rottmar*
Nachricht, blödsinnige: *Pirmasens*
Nudelholz, zweckentfremdetes: *Streitholz*
Nuß-Nougat-Creme, frische: *Nußloch*
Ort, bevorzugter: *Heimsheim*
Pickel, unübersehbarer: *Birnhorn*
Redewendungen, nichtssagende: *Schwallungen*
Registrierkasse, freundliche: *Looganlage*
Reichweite, maximale: *Lengede*
Sachverhalt, feststehender: *Issum*
folgenschwerer: *Zorneding*
Schweiß, individueller: *Otze*
im T-Shirt: *Otzing*
in schwarzem T-Shirt: *Salzkotten*
Seiten, leere: *Nitzlbuch*
Staub, unter Kommode: *Unterigling*
Substanz, stinkende: *Rottmar*
T-Shirt, verschwitztes: *Otzing*
Tampon, unvollständiger: *Wattenwil*
Tanga-Slip, Mittelstück: *Aftersteg*
Toaster, altmodischer: *Rosperwenda*
Unterhemd, verdrehtes: *Unterwendling*
Verkehrsmeldungen, Knopf für: *Stauda*

4. Von Menschen und Macken

Man erfährt relativ mühelos, ob jemand Schreiner oder Maurer ist, Biertrinker oder Weinkenner, Reiter oder Skatspieler. Ob allerdings jemand Marmeladengläser stets wieder richtig zuschraubt, oder ob einer es partout nicht lassen kann, an seinen Pickeln rumzudrücken, erkennt man oft erst, wenn es bereits zu spät und die Beziehung eingegangen ist. Fazit: es müssen Wörter her, die den Mitmenschen genauer charakterisieren als Berufsangabe und bevorzugte Freizeitbeschäftigung - und sei es nur, um in Partnerschaftsanzeigen für mehr Klarheit zu sorgen. (Anm. d. Red.: Wenn nicht anders vermerkt, gelten die Begriffe geschlechterübergreifend).

A **Allerbüttel,** *der;* -s, -: jedermanns Depp.

Antweiler, *der;* -s, -: jemand, der nie Nachrichten auf Anrufbeantworten hinterläßt; stattdessen wartet er nach dem Signalton eine Weile, um ein bißchen aufs Band zu atmen, bevor er den Hörer geräuschvoll wieder auflegt.

B **Bienenbüttel,** *der;* -s, -: jemand, der durch seinen Fleiß und seinen Hang zur Gründlichkeit dazu prädestiniert ist, das Opfer eines ☞Faulenfürsten zu werden.

Bockhorst, *der;* -es: ein ☞Querenhorst, von dem man ganz genau zu wissen glaubt, daß er von der Angebeteten nur das eine will.

Breitling, *der;* -[e]s, -e: Raucher nach dem Genuß von Cannabis-Produkten.

D **Dienstborstel,** *der;* -s, -: widerwilliger Beamter oder Verkäufer, den man ab und zu daran erinnern muß, daß man keinen ungeheuren persönlichen Gefallen von ihm verlangt, sondern schlicht und einfach die Erledigung seiner Arbeit.

Diensthop, *der;* -s, -e: beflissener Verkäufer, der die Kunden bei Betreten des Geschäftes förmlich anspringt.

Dortmund, *der;* -[e]s, Dortmünder: jemand, der ohne weiteres in der Lage ist, den Redeschwall eines notorischen Laberkopfes abzuwürgen und ihr zu empfehlen, den Mund zu halten oder das alles jemand anderem zu erzählen.

Drehnow, *der;* -s, -s: jemand, der Gefäße mit Schraubverschluß nie richtig zumacht: *Ein Marmeladenglas, aus dem sich zuletzt ein Drehnow bedient hat, ist eine Gefahr für Teller und Tassen, da es unweigerlich auf halbem Wege runterfällt, wenn man es am Deckel hochhebt.*

Druffel, *der;* -s, -: jemand, der nicht aufhören kann, an kleinen, unscheinbaren Pickeln herumzudrücken und große, weithin sichtbare daraus zu machen.

F **Faulenfürst,** *der;* -en, -en: Familien- bzw. WG-Mitglied, dem es dank seiner erschreckend hoch gelegenen Schmerzgrenze in Hygienedingen fast immer gelingt, andere die lästigeren Arbeiten ausführen zu lassen: *»Du hast noch nie das Klo geschrubbt!« - »Mich stört's ja auch nicht. Wenn's dich stört, dann mach's doch du!« (Aus dem Leben eines Faulenfürsten)*

G **Grassau,** *die;* -, Grassäue: jemand, der keinen anderen an seinem Joint ziehen läßt.

Großenlüder, *der;* -s, -: jemand, der ohne bösen Willen stets mehr verspricht, als er halten kann.

Gymnich, *der;* -[e]s, -e: jemand, der jeder Art von sportlicher Betätigung gleichgültig, kritisch oder mit aufrichtiger Abscheu gegenübersteht.

H **Handewitt,** *der;* -s, -s: jemand, dessen halbherziger Händedruck sich anfühlt wie fünf warme Würstchen.

Harnekop, *der;* -s, Harneköppe: ein Mann, der sich beharrlich der Illusion hingibt, er könne mit einigen Strähnen seine Glatze verdecken.

Helfant, *der;* -en, -en: jemand, der von aufopferungsvoller Hilfsbereitschaft erfüllt ist, der aber leider für alles, dem er sie angedeihen läßt, eine Bedrohung darstellt: *Wie ein Helfant im Porzellanladen.*

Hemmerich, *der;* -s, -e: dasjenige Mitglied einer beliebigen Gruppe, das alle Aktivitäten mit seiner Lustlosigkeit und seinen beständig geäußerten Bedenken immer wieder bremst.

I **Isny,** *der;* -s, -s: Person, zu deren Prinzipien es gehört, grundsätzlich niemandem einen Gefallen zu tun.

K **Kabelhorst,** *der;* -[e]s, -e: der Typ, mit dem die Angebetete vermutlich immer telefoniert, wenn bei ihr besetzt ist.

Kalteneber, *der;* -s, -: ein Mann, der sich beim Geschlechtsverkehr krampfhaft jede lautliche Äußerung verbeißt, weil er glaubt, lustvolles Keuchen und Stöhnen sei die alleinige Aufgabe der Frau, und er sei für Coolness und Beherrschung zuständig.

Kempenich, *der;* -s, -s: jemand, der sich absolut nicht vorstellen kann, irgendwann einmal in einem Zelt zu übernachten, geschweige denn einen ganzen Urlaub so zu verbringen.

Laberweinting, *der;* -s, -s: ein Mann, der es für eine adäquate Methode der Annäherung hält, sich bei einer eben kennengelernten Frau erstmal über seine gescheiterte letzte Beziehung auszuheulen.

Langenargen, *die;* <Pl.>: große Leute, die trotzdem immer vorne stehen müssen.

Langendreer, *der;* -s, -: ein Zahnarzt, der immer sagt »So, jetzt haben wir es gleich« oder »Schlimmer wird es bestimmt nicht«, wenn er vorhat, noch mindestens fünf Minuten mit dem langsamen Bohrer auf dem Nerv rumzureiten.

Mangelshorst, *der;* -[e]s, -e: ein Typ, mit dem sich eine Frau nur mangels einer Alternative abgibt: *Da er der einzige Mann an Bord war, wurde er den Verdacht nicht los, er könnte für sie nur ein Mangelshorst sein.*

Mannschatz, *der;* -es, Mannschätze: die perfekte Partnerin, die mag, was er mag, keinen eigenen Freundeskreis hat, wegen jeder Kleinigkeit zu ihm rennt und sich selbst rundum als »seine Frau« definiert: *Nicht nur der Mann ist ein Hemmschuh für den Feminismus, sondern vor allem auch der Mannschatz.*

Maschenhorst, *der;* -[e]s, -e: ein Typ, den man mit zunehmendem Unglauben immer wieder dabei beobachten kann, wie er bei verschiedenen Frauen haargenau diesselbe Nummer abzieht und allem Anschein nach auch Erfolg damit hat.

Mechernich, *der;* -[e]s, -s: jemand, der prinzipiell nie das tut, was ihm jemand sagt oder vorschlägt - und zwar genau deswegen.

Meiderich, *der;* -s, -s: jemand, der Harmonie in seinem Leben dadurch anstrebt, daß er allen unangenehmen Wahrheiten, klärenden Gesprächen etc. aus dem Wege geht.

Merkenich, *der;* -s, -s: 1. jemand, der sich einfach keine Namen merken kann und deshalb seinen jeweiligen Gesprächspartner nie direkt anspricht; 2. eine Person, die es nicht von selbst bemerkt, wenn sie anderen den Weg versperrt; 3. jemand, der im Zustand absoluter Kritiklosigkeit sich selbst gegenüber lebt; solch ein Merkenich tritt in kritischen TV-Sendungen über irgendwelche Mißstände (z. B. Autobahnraser) gerne freiwillig als das lupenreine Negativbeispiel auf (indem er sich z. B. am Steuer sitzend interviewen läßt und dabei erklärt, inwiefern er und sein Auto »quasi eine Einheit« darstellen, und daß es sich »ein erfolgsorientierter Mensch heutzutage einfach nicht mehr *leisten kann,* alle Geschwindigkeitsbegrenzungen einzuhalten«)

O **Obergeckler,** *der;* -s, -: derjenige in einer beliebigen Gruppe von Menschen, der über die schrillste Lache verfügt, und dadurch jederzeit lokalisierbar ist.

Oberwichterich, *der;* -[e]s, -e: eine besonders eifrige Person, der man am besten eine Funktion gibt, in der sie beschäftigt ist, ohne bei einer wirklich wichtigen Sache Schaden anrichten zu können.

P **Passau,** *die;* -, Passäue: Fußballspieler, der nur ungern den Ball abgibt.

Pillgram, *der;* -[e]s: ein Mann, der sich beim Sex nie ganz entspannen kann, weil er sich Sorgen macht, ob seine Partnerin es mit der Verhütung genau nimmt, der es aber nicht fertig bringt, das Thema von sich aus anzusprechen.

Q **Querenhorst,** *der;* -[e]s, -e: ein blöder Kerl, der sich offensichtlich genauso ernsthaft für dieselbe Frau interessiert, ansonsten jedoch völlig anders ist als man selbst - so daß man sich die ganze Zeit fragen muß, was sie am Querenhorst findet und warum sie ihn nicht schon längst in die Wüste geschickt hat.

Rechtmehring, *der;* -s: jemand, der angesichts eines Mißgeschicks dem Betroffenen erst einmal erklärt, es geschehe ihm recht: *Als die Radfahrerin in der Fußgängerzone stürzte, half ihr zwar keiner auf die Beine, aber es war sofort ein Rechtmehring zur Stelle, um sie darüber aufzuklären, daß sie hier gar nicht hätte fahren dürfen.*

Rückweiler, *der;* -s, -: jemand, der immer wieder bei verflossenen Partnern aufkreuzt, wenn er in einer neuen Beziehung Probleme hat.

Rümpel, *der;* -s, -: jemand, der sich von nichts trennen kann.

Sprötze, *die;* -, -n: jemand, der beim Duschen stets das gesamte Badezimmer unter Wasser setzt.

Tastrup, *der;* -s, -s: jemand, der nach einem Bedienungsfehler an einem technischen Gerät ungehalten auf die Tasten eindrischt, als ob man allein durch die Stärke des Tastendrucks dem Gerät seinen Willen aufzwingen könnte; am meisten haben Computer-Tastaturen (und da speziell die Return- u. Escape-Taste) unter Tastrups zu leiden.

Tönisvorst, *der;* -[e]s, -e: jemand, der immer seinen Senf zu irgendetwas geben muß, bevor er auch nur halbwegs weiß, worum es überhaupt geht.

Türnich, *der;* -s, -e: jemand, der immer alle Türen, Schränke und Schubladen offen stehen läßt.

Versmold, *der;* -[e]s, -e: Person, die anläßlich von Jubiläen, runden Geburtstagen, Hochzeiten etc. stets mit einer sebstgedichteten Unsäglichkeit aufwartet.

Witzhelden, *die;* <Pl.>: Figuren, die nur in Witzen vorkommen; Fritzchen, Graf Bobby, Tünnes und Schääl & Co.

Zürich, der; -s, -s: jemand, dessen hervorstechendste Charaktereigenschaft eine an Selbstaufgabe grenzende Zurückhaltung ist; bevor ein Zürich eine Entscheidung trifft, erkundigt er sich erst gewissenhaft, was andere möchten und/oder erwarten; auch gelingt es einem Zürich recht selten, die Aufmerksamkeit des Obers zu erwecken.

▶ 47

Suchbegriffe

Anmache, stereotype: *Maschenhorst*
Anrufbeantworter, *unbeantworteter: Antweiler*
Beamter, beflissener: *Diensthop*
widerwilliger: *Dienstborstel*
Campingmuffel, notorischer: *Kempenich*
Depp, jedermanns: *Allerbüttel*
Drehverschluß, offener: *Drehnow*
Dusche, überschwemmte: *Sprötze*
Eifer, übersteigerter: *Oberwichterich*
Familienmitglied, dichtendes: *Versmold*
faulstes: *Faulenfürst*
Fleiß, ausgenutzter: *Bienenbüttel*
Fußballspieler, eigensinniger: *Passau*
Gedicht, unsägliches: *Versmold*
Gefallen, aus Prinzip abgelehnter: *Isny*
Gelächter, schrilles: *Obergeckler*
Duschen, schrilles: *Obergeckler*
Handschlag, halbherziger: *Handewitt*
Harmonie, trügerische: *Meiderich*
Hilfsbereitschaft, gefährliche: *Helfant*
Laberkopf, abgewiesener: *Dortmund*
Leute, große: *Langenargen*
Lustlosigkeit,bremsende: *Hemmerich*
Mann, feiger: *Pillgram*
in der Not: *Mangelshorst*
phantasieloser: *Laberweinting, Maschenhorst*
rückfälliger: *Rückweiler*
Mißgeschick, kommentiertes: *Rechtmehring*
Mitleid, fehlendes: *Rechtmehring*
Nebenbuhler, lästiger: *Querenhorst*
sexbesessener: *Bockhorst*
telefonierender: *Kabelhorst*
Partnerin, »ideale«: *Mannschatz*
verflossene: *Rückweiler*

5. Über den Umgang mit Menschen

Ein entsprechendes Wörterbuch klärt uns darüber auf, daß »die Soziologie die Wissenschaft vom Sozialen, d. h. den verschiedenen Formen der *Vergemeinschaftung* und der *Vergesellschaftung* der Menschen« ist, und Max Weber spricht von der Soziologie »als Versuch die Gesellschaft zu verstehen«. Schön und gut, jedoch gibt es dermaßen viele unerforschte Feinheiten des Sozialverhaltens, daß man daraus schließen möchte: die Soziologen meiden Parties, Discos und Kneipen, halten sich von Cliquen, Sportmannschaften oder sonstigen eingeschworenen Gemeinschaften und ihren Ritualen fern und darüberhinaus beobachten sie sich viel zu wenig selbst.

angern <itr.>: beim Verlassen einer Party o.ä. noch stundenlang im Mantel in der Diele stehen (oder unter der offenen Tür) und mit den Gastgebern quatschen.

Ansprung, *der;* -[e]s, Ansprünge: der erste bewußt vorgenommene Versuch, von einem harmlosen Flirt zu einer ernsthaften Annäherung überzugehen; häufige Formen des Ansprungs sind: ein unverschämt langer Blickkontakt, eine eindeutig nicht zufällige Berührung oder das vorsichtige Anschneiden des Themas, wo man denn im Anschluß (an was auch immer) zusammen hingeht.

Besandten, *die;* <Pl.>: derjenige Teil der Verwandtschaft bzw. des Bekanntenkreises, zu dem man nur über Neujahrskarten Kontakt hält: *Die Redaktion grüßt auf diesem Wege alle Bekannten, Verwandten und Besandten.*

Borg, *der;* -[e]s: {wirtschaftl. Fachbegriff} Besitz untergliedert sich in Mobilien, Immobilien, Sachwerte, Vermögen und Borg; letzterer umfaßt alles, was sich in Händen anderer Leute befindet, weil man es verliehen und längst vergessen hat, oder weil es sich jemand ☞geborgelt hat und nicht daran denkt, es zurückzugeben, da er nicht möchte, daß man davon erfährt: *Den Fachbereichsbibliotheken der Hochschulen entsteht jährlich ein Millionenschaden dadurch, daß zahlreiche Bücher aus ihrem Bestand in Borg übergehen.*

borgeln <tr.>: sich etwas ausleihen, ohne zu fragen.

Brandscheid, *der;* -[e]s, -e: gespielt harmlose, scheinheilige Bemerkung, um nach dem ☞ Brandshagen den Betroffenen darauf aufmerksam zu machen, daß er etwas verbockt hat: *»Sag mal, was ist eigentlich aus dem Teewasser geworden, das du vor deinem Nickerchen aufgesetzt hast?«*

brandshagen, hagte brands, hat brandsgehagt <itr.>: in aller Seelenruhe untätig mitansehen, wie Milch überkocht, Badewasser überläuft oder sich eine sonstige Katastrophe anbahnt, die ein anderer zu verantworten hat; Könner denken sich beim Brandshagen auch gleich einen besonders niederträchtigen ☞Brandscheid aus.

buchhagen, hagte buch, hat buchgehagt <itr.>: auf Besuch bei jemandem erstmal dessen Bücherregal begutachten, nach dem Motto: »Zeig mir deine Bücher, und ich sag dir, wer du bist.«

C **Crimmitschau,** *die;* -, -en: Grimasse, die man sich nur zu schneiden traut, wenn die Person, welcher sie gilt, garantiert in eine andere Richtung sieht - oder man mit ihr telefoniert.

D **dudensen** <tr.>: unablässig Leute verbessern, die den Komparativ mit »wie« bilden, »scheinbar« sagen, wenn sie »anscheinend« meinen, »gewöhnt« wie »gewohnt« verwenden (ohne »an« + Akkusativ) und »wegen« mit Dativ: *Nichts hasse ich mehr, wie wenn du mich dauernd dudenst.*

dußlingen <itr.>: sich blöder anstellen als man ist, damit ein anderer keine Minderwertigkeitskomplexe kriegen soll.

E **Eisleben,** *das;* -s: Sammelbegriff für alles gestelzte und unsichere Verhalten zwischen zwei oder mehreren Personen, die sich eben erst vorgestellt wurden und von denen niemand eine Ahnung hat, wie man das Eis brechen könnte.

ernzen <itr.>: die heitere Stimmung in einer netten Runde durch eine humorlose Bemerkung oder durch das Anschneiden eines überaus ernsten Themas regelrecht abtöten.

erwitzen <tr.>: der seltene Tatbestand des Erwitzens liegt dann vor, wenn jemand in Folge eines besonders niederträchtigen ☞Plagwitzes ums Leben kommt.

F **Freilassing,** *das;* -s: das ungeschriebene Gesetz, demzufolge im Kino einzelne Sitzplätze zwischen zusammengehörenden Zuschauern freizubleiben haben.

G **geldern** <itr.>: nach einer Sportstunde unter der Dusche jemanden um Duschgel anpumpen.

Geschwenda, *die;* -, -s: die maximale Geschwindigkeit mit der man etwas machen kann, wenn niemand merken soll, daß man es eilig damit hat; um kein Gerenne auszulösen, bewegt man sich z.B. mit Geschwenda an der langen Schlange im Supermarkt vorbei, sobald man sieht, daß demnächst eine weitere Kasse aufgemacht wird; ☞Großgeschwenda.

Greifswald, *der;* -[e]s, Greifswälder: die Summe der hochgestreckten Arme, wenn auf irgendeiner öffentlichen Veranstaltung etwas ins Publikum geworfen wird.

Großgeschwenda, *die;* -, -s: Steigerung der ☞Geschwenda, wenn doch jemand mitgekriegt hat, was man vorhat; zur Fortbewegung mit Großgeschwenda gehört stets auch der verbissene Versuch, nicht verbissen zu wirken.

Großwirschleben, *das;* -s: heftige Reaktion, nachdem man mehrfach versucht hat, die Aufmerksamkeit einer Person oder Gruppe auf sich zu ziehen und damit kläglich gescheitert ist; dazu gehören die Faust auf dem Tisch und Sätze, die mit »verdammt nochmal!« enden.

H **hamcln** <itr.>: einer Masse von Leuten rücksichtslos nur das erzählen, was sie hören wollen: *»Vielen wird es besser und niemandem schlechter gehen«, hamelte Helmut.*

hörsten <itr.>: sich laut und vernehmlich räuspern, um Leuten, die sich in der Nähe unterhalten und/oder Sex haben anzuzeigen, daß man ihnen zuhört, und sie - wenn sie das nicht wollen - entweder aufhören oder sich verziehen sollen.

I **Insul,** *der;* -s, -s: beleidigende Bemerkung, die man in der sicheren Überzeugung macht, der Angesprochene würde sie sowieso nicht verstehen; Kennzeichen einiger deutscher Touristen im Ausland.

J **jameln** <tr.>: mit zusammengebissenen Zähnen wiederwillig eine Zustimmung murmeln.

K **kleindöbbern,** kleindöbberte, hat kleingedöbbert <itr.>: sich mit einem Säugling unterhalten und dabei soviel sagen wie: »Tutzitutzitutzi, wallawallawalla, eieieiei, woisserdenn...«

Kleinwirschleben, *das;* -s: Ersatzreaktion, nachdem man versucht hat, die Aufmerksamkeit einer Person oder Gruppe auf sich zu ziehen und damit kläglich gescheitert ist; im Gegensatz zum ☞Großwirschleben umfaßt das Kleinwirschleben lediglich relativ nutzlose Gesten wie z.B. die forsch erhobene Hand, mit der man sich dann doch nur angestrengt durchs Haar fährt.

Koblenz, *die;* -: das krankhafte Nur-Auf-Sich-Bezogensein eines Paares, das zusammen für niemanden mehr zu gebrauchen ist, obwohl die Partner einzeln äußerst gesellig und unterhaltsam sind; s. a. ☞Mayen-Koblenz (Med.).

Lemgo, *das;* -s, -s: {kommt vermutlich aus dem Englischen von »Let 'em go«} der Freiraum, den man seinem Partner/seiner Partnerin im Umgang mit dem anderen Geschlecht einräumt; das Ausmaß des Lemgos kann individuell sehr verschieden sein, eine dauerhafte Überschreitung führt jedoch nicht selten zur Trennung.

Lüdenscheid, *der;* -[e]s, -e: kleine Rede, die man auf dem Weg zu einer Verabredung einstudiert, um zu erklären, warum man ein gegebenes Versprechen (mal wieder) nicht einhalten konnte.

Mayen-Koblenz, *die;* -: gutartige Form der ☞Koblenz, die bei frisch verliebten Paaren auftritt und sich innerhalb eines vertretbaren Zeitraumes wieder zurückbildet (Med.).

meinbrexen, meinbrexte, hat meingebrext <itr.>: ausführlich von eigenen Gebrechen erzählen, sobald man von jemandem wegen einer Krankheit oder Verletzung um Rat gefragt wird.

meinern <itr.>: eine blöde, an sich unhaltbare Bemerkung machen und, falls unerwarteterweise jemand genauer darauf eingehen will, nichts besseres auf der Pfanne haben als: »Ich mein' ja bloß...« o.ä.: *Er meinerte, Frauen seien die schlechteren Autofahrer.*

mitlechtern; lechterte mit, hat mitgelechtert <itr.>: halbherzig mitlachen, wenn man nicht zugeben kann, daß man den Witz absolut nicht kapiert hat.

N **nabern** <itr.>: mit überflüssigen Formulierungen um etwas herumreden anstatt es einfach auszusprechen oder zu tun: *»Ich möchte Sie alle recht herzlich willkommen heißen«* oder *»Ich wollte dich eigentlich fragen, ob du mit ins Kino kommst«* etc.

neulautern, neulauterte, hat neugelautert <tr.>: anderen gegenüber oft und ausführlich die Vorzüge eines neu erworbenen Gegenstandes herauskehren (Auto, Videorekorder, Tennisschläger, Baguette-Schneidemaschine, etc.); Neulautern hat selten einfachen Stolz zur Ursache, meistens hofft man durch die Bestätigung anderer die tief empfundene Unsicherheit über Sinn und Unsinn der Neuerwerbung überwinden zu können.

niederwinden, *sich;* niederwand sich, hat sich niederwunden: {Ggs.: *sich überwinden*} sich mit gespieltem Widerwillen zu etwas durchringen, damit niemand merkt, wie angenehm einem die Sache in Wirklichkeit ist: *Er niederwand sich, das Frauentraining zu leiten.*

O **Obersendling,** *der;* -[e]s, -e: ein ☞Sendling, der einem das Wohlwollen der Erbtante oder einer ähnlich wichtigen Person sichern soll.

P **Passade,** *die;* -, -n: der kritische Moment in dem zwei Leute, die sich schon von weitem gesehen haben, von denen aber einer (bzw. beide) den anderen aus irgendeinem Grund nicht grüßen will, scheinbar unbeteiligt aneinander vorüber gehen: *Angestrengtes Starren auf die Uhr oder intensives Begutachten der eigenen Schuhe kann entscheidend zu einer erfolgreichen Passade beitragen.*

Plagwitz, *der;* -es, -e: der übliche Spaß, mit dem man Anfänger allerorten piesackt; bei der Bundeswehr schickt man sie zu irgendeinem Vorgesetzten, um den Schlüssel zum Verfügungsraum zu holen (Anm.d.Red.: Im befestigten Römerlager Kleinbonum ist es der Schlüssel zum Armbrustschießstand), und auf der Baustelle nach dem »Siemens Luft-Anker«.

Prebberede, *die;* -, -n: die Antrittsrede eines Säuglings.

prüfern <tr.>: jemanden total nervös machen, indem man ihn aus einiger Entfernung auffällig unauffällig bei einer Tätigkeit überwacht, die man ihn ausdrücklich ganz allein und selbständig ausführen lassen wollte.

R **Remscheid,** *der;* -[e]s, -e: Aufforderung an jemand anderes, einen irgendwann an etwas Wichtiges zu erinnern, damit man einen Schuldigen hat, falls man es vergißt.

S **Schenksolz,** *der;* -es, -e: der bei Übergabe eines wirklich unpassenden Geschenkes vorgetragene Spruch, durch den der Beschenkte erfährt, wie sehr er dieses Ding schon immer haben wollte.

schönhagen, hagte schön, hat schöngehagt <tr.>: jemanden solange mustern, bis man ihn schön findet, weil er der einzige Vertreter des anderen Geschlechts weit und breit ist, und einem nichts anderes übrigbleibt, als ihn schön zu finden, wenn man an dem Abend noch irgendwas erreichen will.

schweicheln <itr.>: durch Unterlassen einer durchaus angebrachten kritischen oder bissigen Bemerkung einen bornierten Blödmann in der arroganten (Fehl)-Einschätzung seiner selbst bestärken.

schweigern <tr.>: eine spannende Situation durch beharrliches Schweigen noch unerträglicher machen; Fernsehkrimis erwecken oft den Eindruck, daß hauptsächlich vor Gericht oder in Verhören geschweigert wird, aber in Wirklichkeit läßt sich nahezu jeder Konflikt durch einfaches Unterlassen klärender Aussagen ein wenig verschärfen.

Sendling, *der;* -[e]s, -e: eine Urlaubspostkarte, deren Inhalt völlig egal ist, weil man sie ohnehin nur deswegen abschickt, damit man sich nach der Rückkehr keine Vorwürfe irgendwelcher Daheimgebliebener anhören muß.

Simmerath, *der;* -[e]s, Simmeräthe: ebenso gutgemeinter wie nutzloser Versuch, mit jemandem zu reden, der lieber ☞simmert.

simmern <itr.>: in aller Stille eine mittlere Wut ausbrüten, mit niemandem darüber reden wollen und bei dem folgenden Ausbruch auf allgemeines Unverständnis stoßen.

speikern <tr.>: jemanden, dem es ohnehin nicht besonders gut geht, absichtlich oder versehentlich dem Brechreiz ein ganzes Stück näherbringen, indem man z.B. in seiner Gegenwart über Wiener Würstchen oder fettige Pommes Frites redet; an Bord von Schiffen kann man einen mit grünem Gesicht an der Reling stehenden Passagier speikern, indem man sich neben ihn stellt, den Kopf nach vorn wirft und dabei ein lautes »Hupp!« hören läßt.

sundern <itr.>: mehr oder weniger schuldbewußt sein ☞Lemgo überschreiten.

T

treuenbrietzen, treuenbrietzte, hat treuengebrietzt: jemandem, der einen im Grunde ganz gern hat, durch penetrante treudoofe Anhänglichkeit tierisch auf die Nerven fallen.

U

Unbesandten, *die;* <Pl.>: Freunde, Bekannte, oder Verwandte, die in eine andere Stadt gezogen sind, und zu denen man überhaupt keinen Kontakt mehr hat, nachdem man ihnen beim Abschied versichert hat, man werde ihnen regelmäßig schreiben.

unfinden, unfand, hat ungefunden <tr.>: einen Gegenstand, dessen Abhandenkommen einem ganz gut in den Kram paßt (wenn man es nicht sogar selbst inszeniert hat), durch demonstratives Suchen an den unmöglichsten Orten partout nicht finden: *Nachdem sie noch auf einem Kaffee zu ihr gegangen waren, unfand er plötzlich seine Autoschlüssel.*

V

vorderhagen, vorderhagte, hat vorderhagt <tr.>: sich auffällig unauffällig bemühen, rauszukriegen, wie eine zufällig erspähte Person, deren Rückseite einem ausnehmend gut gefällt, von vorne aussieht: *Hätte er sich beizeiten das Vorderhagen abgewöhnt, wären ihm die bittersten Enttäuschungen seines Lebens erspart geblieben.*

vreden <itr.>: engagiert bei einem Thema mitreden, über das man nur ganz vage bzw. überhaupt keine Kenntnisse besitzt: *Im Laufe des Alkohols wurde auf der Party relativ viel gevredet.*

warnsen, <tr.>: jemanden (wider besseres Wissen) nicht besonders eindringlich vor einer Gefahr warnen, aber doch so, daß man hinterher mit erhobenem Zeigefinger sagen kann: »Ich habe es dir gesagt, aber du wolltest ja nicht hören.«

Wattenscheid, *der;* -[e]s, -e: ein ☞Lüdenscheid, der überhaupt nichts taugt und kein bißchen glaubhaft wirkt, was man dadurch auszugleichen versucht, daß man ihn mit einschmeichelnder Stimme watteweich vorträgt.

Wimmelrode, *die;* -: Sammelbegriff für Dinge, die man erzählt und Gesten, die man benutzt, um einen Klinkenputzer loszuerden, wenn man es aus irgendwelchen Gründen nicht fertigbringt, einfach die Tür vor ihm zuzumachen; Vertreter der Zeugen Jehovas dürften die meisten Techniken der Wimmelrode bereits erlebt haben.

winkeln <itr.>: zögerlich und unsicher einer wildfremden Person zurückwinken, die mit ihrem Gruß eigentlich jemanden gemeint hatte, der irgendwo hinter einem steht.

Suchbegriffe

Abschied, langer: *angern*
Anhänglichkeit, lästige: *treuenbrietzen*
Annäherung, ernsthafte: *Ansprung*
Arme, hochgereckte: *Greifswald*
Aufmerksamkeit, fehlende: *Großwirschleben, Kleinwirschleben*
Bemerkung, beleidigende: *Insul*
scheinheilige: *Brandscheid*
unhaltbare: *meinern*
unterlassene: *schweicheln*
Besitz, geliehener: *borgeln*
verliehener: *Borg*
Brechreiz, herbeigeführter: *speikern*
Bücherregal, begutachtetes: *buchhagen*
Deutsch, schlechtes: *dudensen*
Duschgel, geschnorrtes: *geldern*
Erinnerung, erbetene: *Remscheid*
Formulierung, überflüssige: *nabern*
Freiraum, eingeräumter: *Lemgo*
überschrittener: *sundern*
Eis, ungebrochenes: *Eisleben*
Gebrechen, ausführlich beschriebene: *meinbrexen*
Gegenstand, absichtlich verlorener: *unfinden*
neuer: *neulautern*
Gelaber, unfundiertes: *vreden*
Geschenk, kommentiertes: *Schenksolz*
Geschwindigkeit, hohe: *Großgeschwenda*
niedrige: *Geschwenda*
Grimasse, beim Telefonieren geschnittene: *Crimmitschau*
Gruß, unsicher erwiderter: *winkeln*
verweigerter: *Passade*
Hand, forsch erhobene: *Kleinwirschleben*
Katastrophe, untätig mitangesehene: *brandshagen*
Kenntnisse, mangelnde: *vreden*
Kinosessel, leere: *Freilassing*

▶ 59

Klärung, unterlassene: *schweigern*
Klinkenputzer, abgewimmelter: *Wimmelrode*
Minderwertigkeitskomplexe, vermiedene: *dußlingen*
Moment, kritischer: *Passade*
Paar, frisch verliebtes: *Koblenz*
Panik, eingetretene: *Großgeschwenda*
vermiedene: *Geschwenda*
Postkarte, inhaltslose: *Sendling*
wichtige: *Obersendling*
Räuspern, taktvolles: *hörsten*
Rede, einstudierte: *Lüdenscheid*
unglaubhafte: *Wattenscheid*
Rückseite, nett anzuschauende: *vorderhagen*
Säugling, sprechender: *Prebberede*
Unterhaltung mit: *kleindöbbern*
Schönheit, herbeigewünschte: *schönhagen*
Stimmung, ehemals heitere: *ernzen*
Thema, überaus ernstes: *ernzen*
Übelkeit, gesteigerte: *speikern*
Überwachung, unauffällige: *prüfern*
Verhalten, unsicheres: *Eisleben*
Verwandtschaft, entfernte: *Besandten*
noch entferntere: *Unbesandten*
Versuch, gutbemeinter: *Simmerath*
Warnung, ungenügende: *warnsen*
Widerwillen, gespielter: *niederwinden*
Witz, lästiger: *Plagwitz*
tödlicher: *erwitzen*
unverstandener: *mitlechtern*
Worte, schöne: *hameln*
Wut, stille: *simmern*
Zähne, zusammengebissene: *jameln*
Zeugen, Jehovas: *Wimmelrode*
Zustimmung, widerwillig gegebene: *jameln*

6. Denn Sie wissen nicht was Sie tun

Es gibt genaue Untersuchungen darüber, wieviel Zeit seines Lebens der Mensch schläft, wie lange er seine Autoschlüssel sucht, wie lange er am Samstagmorgen in der Schlange beim Bäcker steht und wieviele Sekunden er für die hundert Meter braucht. Trägt man all diese Statistiken zusammen und korrigiert sie um jene Verrichtungen, die gleichzeitig erledigt werden können (also z.B. Pinkeln und Furzen), so wird man feststellen, daß eine rätselhafte Rest-Zeit übrigbleibt, von der kein Forscher zu sagen vermag, wie sie verbracht wird. Wir vermuten, das meiste davon geht für eine oder mehrere von folgenden Tätigkeiten drauf.

A **altenbeken,** altenbekte, hat altengebekt <itr.>: wehmütig in nostalgischen Betrachtungen schwelgen und dabei zutiefst bedauern, daß es heute nicht mehr so ist, wie es früher nie war.

ampen <itr.>: solange an einer grünen Ampel stehenbleiben, bis jemand hupt.

anten <itr.>: mit sich ringen, auf eine im Raum stehende Frage zu antworten; man antet gewöhnlich so lange, bis ein anderer wortwörtlich das sagt (und damit größte Zustimmung erntet), was man selbst auf der Pfanne hatte.

B **ballrechten,** rechtete ball, hat geballrechtet <itr.>: als Fußballspieler einem Sportreporter erklären, man habe doch »nur den Ball gespielt«, wenn man nach dem Match zu einer besonders rüden Attacke auf die Beine eines Gegenspielers befragt wird.

bartmannshagen, hagte bartmanns, hat bartmannsgehagt <tr.>: einen Bärtigen anstarren und sich dabei fragen, wie man nur so einen Bart tragen kann; mögliche Gründe: a) eigentlich kein Bartwuchs, sondern nur ein paar in verschiedenste Richtungen stehende Haare; b) mit großer Sorgfalt und vermutlich enormem zeitlichem Aufwand gedrillte Schnurrbartspitzen; c) weit abstehender Backenbart; d) weniger ein Bart als vielmehr ein jahrelang nicht rasierter Hals; e) es handelt sich um eine Frau; f) sonstiges.

bretten <itr.>: ein Surfbrett auf dem Autodach durch die Gegend fahren: *Während der mehrtägigen Flaute bretteten die meisten Surfer nur.*

D **dielmissen,** dielmißte, hat gedielmißt <tr.>: nicht dabei sein, wenn ein Riesengeschäft über die Bühne geht: *Wegen eines Staus auf der Autobahn dielmißte er die Van-Gogh-Auktion.*

dohnsen <itr.>: beim Gewichtestemmen oder einer artverwandten Anstrengung so atmen, als wolle man Schwangerschafts-Pressatmung praktizieren (unter gelegentlicher Erzeugung von Tönen wie aus einer Trompete).

durlangen <itr.>: (für Pianisten) beim Spielen eines besonders feierlichen und getragenen Stückes auf peinlichste Weise danebengreifen.

E **echterdingen,** echterdang, hat echterdungen <itr.>: irgendwas sklavisch genau nach Anleitung machen, nachdem man es zuvor ein paarmal »frei Schnauze« und mit gesundem Menschenverstand versucht hat und damit kläglich gescheitert ist.

eddelsen <itr.>: die Spitze eines Kugelschreibers locker zwischen Daumen und Zeigefinger halten und den Clip an einer Tischkante hüpfen lassen: *Die Sitzung war dermaßen langweilig, daß die meisten Teilnehmer eddelsten.*

einöllen, öllte ein, hat eingeöllt <tr.>: der letzte Arbeitsschritt bei der Herstellung von Schneiderscheren, Schweizer Offiziersmessern o.ä.; dabei kommt es darauf an, das Produkt derart reichlich mit Öl zu segnen, daß der Benutzer eine Weile lang alles versaut, was er damit bearbeitet.

essen, aß, hat gegessen <tr.>: Nahrung zu sich nehmen.

F **folbern** <itr.>: auf eine ernst gemeinte Frage eine überaus alberne Antwort folgen lassen: *Als der Polizist fragte »Kommen Sie jetzt mit zur Alkoholprobe oder nicht?«, folberte Alfred: »Na klar. In welcher Kneipe?«*

G **garbsen** <tr.>: Erbsen bei dem Versuch, sie mit der Gabel aufzuspießen, über den ganzen Teller (und evtl. darüber hinaus) verfolgen.

giershagen, giershagte, hat giersgehagt <tr.>: automatisch in die Richtung blicken, aus der man das Rascheln einer Kekspackung, das »Fump!« einer geöffneten Bierflasche, ein Martinshorn oder eine Bemerkung über Sex vernimmt.

gummern <itr.>: mit leichtem Ekel feststellen, daß es sich bei der interessanten Erhebung, die man unter einem Sitz oder einer Tischplatte betastet hat, um einen alten Kaugummi handelt.

hachen <tr.>: kurz hochzucken, während man am Einnicken ist und das Kinn immer wieder auf die Brust sinkt; häufiges Hachen kann zu schmerzhaften Verspannungen der Halsmuskulatur führen.

hagen <tr.>: **1.** irgendetwas oder irgendjemanden unverhohlen mustern, ohne wahrzunehmen, daß man dadurch womöglich peinlich auffällt; ☞bartmannshagen, ☞hodenhagen; **2.** mehr oder weniger unauffällig nach etwas sehnlichst herbeigewünschtem Ausschau halten; ☞portenhagen; **3.** in der Rolle des unbeteiligten Beobachters verharren, obwohl Eingreifen geboten wäre.

herdringen, herdrang, hergedrungen <itr.>: darauf bestehen, den Geschäftsführer (bzw. Vorgesetzten) zu sehen, um einen widerwilligen Verkäufer (bzw. Beamten) auf Trab zu bringen.

hodenhagen, hagte hoden, hat hodengehagt <tr.>: in einer Gemeinschaftsdusche oder am FKK-Strand mit verstohlenen Blicken die Ausstattung anderer Männer begutachten.

huchzen, huchzte, hat gehuchzt <itr.>: Schleim aus Rachen und Nase im Mund sammeln, um ordentlich ausspucken zu können.

hundshaupten, hundshauptete, hat gehundshauptet <tr.>: über seinen Hund Behauptungen aufstellen: *»Immer wenn Lassie kommt, legt er den Kopf schief und guckt ganz aufmerksam zu.«*; gegenüber Joggern wird auch viel gehundshauptet: *»Der macht nichts.«* oder *»Der will doch bloß spielen.«* etc.

leimen <tr.>: sich nur in grammatikalisch unvollständigen Sätzen ausdrücken, die deutlich mehr »Ähs« als Wörter enthalten.

leinfelden, leinfeldete, hat leingefeldet <tr.>: auf einem Sportplatz mit einem Kalkwagen Linien ziehen, um das Spielfeld zu markieren.

löffelstelzen, löffelstelzte, hat löffelgestelzt <tr.>: den Teller auf einer Seite anheben, um auch noch den letzten Löffel Suppe herauszubekommen.

münchen, münchte, hat gemüncht <tr.>: eine Weißwurst aus der Pelle saugen; hochdeutsch für »zuzeln«.

nutteln, nuttelte, hat genuttelt: sich allen Ernstes darüber unterhalten, welche Nuß-Nougat-Creme die beste ist.

overhagen, overhagte, hat overhagt <tr.>: über etwas hinwegsehen, obwohl man sich im Klaren darüber ist, daß es einem leid tun wird: *Weil sie keine Zeit zum Sortieren hatte, overhagte sie das lila Laken in der Kochwäsche.*

paaren im Glien, *sich;* paarte sich im Glien, hat sich im Glien gepaart: Geschlechtsverkehr haben, obwohl (oder gerade weil) man sich mit dem Partner im Kriegszustand befindet.

portenhagen, portenhagte, hat portengehagt <itr.>: eine Tür dermaßen angestrengt im Auge behalten, daß man überhaupt nicht bemerkt, wenn der oder die sehnlichst Erwartete tatsächlich hindurchtritt; wer schon einmal jemanden, dessen Maschine Verspätung hatte, vom Flughafen abgeholt hat, weiß, wovon hier die Rede ist.

probsteierhagen, hagte probsteier, hat probsteiergehagt <tr.>: besondere, von (sehr) gemischten Gefühlen begleitete Form des Hodenhagens, die nur unter katholischen Geistlichen bzw. Theologiestudenten verbreitet ist.

profen <tr.>: ein neues Möbel oder ein technisches Gerät »nur mal kurz provisorisch« aufbauen bzw. anschließen, um zu prüfen, ob es sich gut macht und/oder funktioniert - und es anschließend auf unbestimmte Zeit haargenau so stehen lassen.

reddern <itr.>: das, was man beim Vorbeigehen an einem Lattenzaun mit einem Stock tun kann.

rumpfen <tr.>: die Beschäftigung eines von Forscherdrang erfüllten Kindes, in deren Verlauf je nach Entwicklungsstand und/oder

Veranlagung einer Puppe, einem Käfer oder einer Fliege die Gliedmaßen entfernt werden.

S **schlieben** <tr.>: »sich lieben« im Sinne von »miteinander schlafen«: *Ich schliebe Dich und werde Dich immer schlieben.*

schnürpflingen <itr.>: nach einem Regenguß stundenlang an dem vollgesogenen Doppelknoten in den Schnürsenkeln rumpfriemeln.

schretstaken <itr.>: merkwürdige Gangart, die man an den Tag legt, wenn sich die Unterhose zwischen die Backen gezogen hat und man versucht, sie ohne Zuhilfenahme der Hände unaufällig wieder herauszubekommen.

schwerfen, schwarf, geschworfen <tr.>: versuchen, etwas sehr Schweres zu werfen, es aber eigentlich eher direkt vor sich auf den Boden plumpsen lassen.

schwollen <itr.>: sich bemühen, Geschlechtsverkehr zu haben, bevor eine brauchbare Erektion da ist.

V **villnachern,** villnacherte, hat gevillnachert <tr.>: etwas nach langem Hin und Her genau dann ganz entschieden haben oder tun wollen, wenn die unwiderruflich letzte Chance dazu ungenutzt vorübergegangen ist: Sie hatten sich schon oft getrennt, und jedesmal war er im Grunde froh darüber gewesen – aber just nachdem sie seinen Bruder geheiratet hatte, villnacherte er sie sehr.

W **wickbolsen,** *sich:* (für Männer) vor einem Rendezvouz onanieren - in der Hoffnung, dadurch werde die eigene Erregbarkeit ein wenig gemildert und die Ausdauer gesteigert.

wiesbaden <itr.>: an einem rundum erfreulichen Frühlingstag ausgelassen auf einer Wiese herumtollen – am besten in verliebtem Zustand und am allerbesten zu zweit.

wochern <itr.>: einen Vorsatz für's Leben fassen und seine Inkraftsetzung auf die nächste Woche festlegen, oder die übernächste, oder...

X **xanten** <itr.>: technischer Ausdruck für das, was Tontechniker mit einer Stimme anstellen, die in einem Film oder Hörspiel besonders ehrfurchtgebietend klingen soll.

Z **zwesten** <tr.>: mit dem Messer die verbrannte Kruste von einer Scheibe Toastbrot kratzen.

zwiefalten, zwiefaltete, hat zwiegefaltet <tr.>: etwas ehemals gefaltetes (Hemd, Tischtuch, Papier) wieder in denselben Falten zusammenlegen.

Suchbegriffe

Ampel, grüne: *ampen*
Anleitung, genau eingehaltene: *echterdingen*
Antwort, alberne: *folbern*
verzögerte: *anten*
Atmung, angestrengte: *dohnsen*
Ausdauer, gesteigerte: *wickbolsen*
Bart, auffälliger: *bartmannshagen*
Betrachtungen, nostalgische: *altenbeken*
Blick, aufdringlicher: *hagen*
gieriger: *giershagen*
Chance, unwiderruflich letzte: *villnachern*
Eingang, beobachteter: *portenhagen*
Erbsen, verfolgte: *garbsen*
Erektion, ungenügende: *schwollen*
Frühlingstag, rundum erfreulicher: *wiesbaden*
Erregbarkeit, gemilderte: *wickbolsen*
Fußballspieler, uneinsichtiger: *ballrechten*
Gangart, gespreizte: *schretstaken*
Gegenstand, schwerer: *schwerfen*
Geschäft, verpaßtes: *dielmissen*
Geschäftsführer, herbeigerufener: *herdringen*
Geschlechtsteile, begutachtete: *hodenhagen, probsteierhagen*
weiche: *schwollen*
Geschlechtsverkehr, schwieriger: *schwollen*
normaler: *schlieben*
versöhnender: *paaren im Glien*
Halsmuskulatur, verspannte: *hachen*
Hund, gelobter: *hundshaupten*
Käfer, amputierter: *rumpfen*
Kekspackung, raschelnde: *giershagen*
Kind, forschendes: *rumpfen*
Kugelschreiber, hüpfender: *eddelsen*
Laken, zusammengelegtes: *zwiefalten*
Lattenzaun, *reddern*

Nahrung, aufgenommene: *essen*
Nickerchen, kurzes: *hachen*
Nuß-Nougat-Creme, gute: *nutteln*
Öl, im Überfluß: *einöllen*
Onanie, vorsorgliche: *wickbolsen*
Pianist, daneben greifender: *durlangen*
Provisorium, ewiges: *profen*
Puppe, amputierte: *rumpfen*
Schleim, gesammelter: *huchzen*
Schnürsenkel, nasse: *schnürpflingen*
Sätze, grammatikalisch unvollständige: *leimen*
Sportplatz, markierter: *leinfelden*
Stimme, ehrfurchtgebietende: *xanten*
Surfbrett, umherkutschiertes: *bretten*
Teller, angehobener: *löffelstelzen*
Toastbrot, verbranntes: *zwesten*
Unterhose, widerspenstige: *schretstaken*
Vorsatz, aufgeschobener: *wochern*
Weißwurst, augesaugte: *münchen*
Wurf, schwerer: *schwerfen*

7. Von Gefühlen ganz zu schweigen...

Mit besonderer Vorliebe scheint uns die Sprache immer dann im Stich lassen zu wollen, wenn es um Empfindungen und Gefühle, besondere Geisteszustände und schwer faßbare Eigenschaften und Fertigkeiten geht. Dichter und Denker haben sich immer wieder mit dieser beklagenswerten Tatsache beschäftigt; so heißt es beispielsweise in einem zeitgenössischen Lied, über die Liebe zu reden gleiche dem Versuch, mit Boxhandschuhen einen Faden einzufädeln (Fairground Attraction), und Wittgenstein hat gesagt: »Wovon man nicht sprechen kann, darüber muß man schweigen.« Das ist und bleibt wahr. Aber man wird es doch mal versuchen dürfen.

A ▶ **Argenschwang,** *der;* -[e]s, Argenschwänge: alkoholisierter Zustand, in dem man sich für besonders beschwingt und unterhaltsam hält; im Argenschwang tut man Dinge, an die man später nur ungern erinnert wird.

B ▶ **Bangstede,** *die;* -: ein mit zusammengezogenen Augenbrauen und leicht geöffnetem Mund in unbestimmte Entfernung gerichteter Blick, der sich automatisch einstellt, wenn die ☞Vorwohle länger als erwartet ausbleibt; wird oft von wiederholt übers Gesicht huschenden Anflügen von Verzweiflung begleitet; eine vergleichsweise harmlose Form der Bangstede kann man bei Leuten beobachten, die angestrengt eine Seite in »Das magische Auge« anstarren, ohne daß sich der 3D-Effekt einstellt.

berlin <Adj.; n. attr.>: so fühlt man sich kurz vor einem Umzug, nachdem man einen Überblick gewonnen hat über die Unmengen von Zeug, die man in den letzten Jahren um sich herum angesammelt hat, und man allmählich die Hoffnung verliert, das alles problemlos mit ein paar Kumpels und einem geliehenen Campingbus zur neuen Wohnung karren zu können.

blaubeuren <Adj.>: so besoffen, daß man sich nicht mal mehr traut zu rülpsen.

Breselenz, *die;* -, -en: die als unheilbares Leiden einzustufende Unart, beim Frühstück seine Brösel weit über den Tellerrand hinaus zu verbreiten (Med.).

Buchschlag, *der;* -[e]s, Buchschläge: Erkenntnis, die einen überkommt, nachdem man das Bücherregal einer geschätzten Person inspiziert hat, und die besagt, daß der- bzw. diejenige wohl doch nicht für eine engere Beziehung in Frage kommt: *Als ich die vielen Bücher von Utta Danella in ihrem Regal entdeckte, traf mich der Buchschlag.*

E ▶ **Ekenis,** *die;* -, -se: das vage Gefühl, etwas sehr Kompliziertes halbwegs begriffen zu haben; mit einer Ekenis gibt man sich immer dann zufrieden, wenn man sich schon viel zu lange mit der Sache rumgeschlagen hat; von einer echten Erkenntnis unterscheidet sie sich dadurch, daß sich letztere *nicht* in Luft auflöst, sobald sie auf die Probe gestellt wird (z.B. in einer Prüfung).

F **felgentreu** <Adj.>: beschreibt eine Person, die sich von einem Fahrrad auch trotz erheblicher Mängel und eines bedenklichen »Achters« nicht trennt.

G **Gablenz,** *die;* -: der schwer zu unterdrückende Drang, mit der Gabel Pommes Frites o.ä. vom Teller desjenigen zu klauen, der im Restaurant als erster sein Essen bekommt (Med.).

gaggenau <Adj.>: mit der Gabe gesegnet, eine Pointe mit exakt dem richtigen Timing zu präsentieren.

glüsig <Adj.>: beschreibt eine leise und unaufdringlich sich anschleichende Hochstimmung; so fühlt man sich z. B. nach einem erfreulichen Telefongespräch mit einer Person, von der man das vage Gefühl hat, man könne sich in sie verlieben.

H **hindelang** <Adj.>: beschreibt das trostlose Gefühl des Nichtvorwärtskommens, wenn man sich ganz hinten in einer langen Schlange angestellt hat und für längere Zeit auch der Letzte bleibt.

Höchenschwand, *der;* -es, Höchenschwände: ein herber Rückschlag im eigenen Selbstverständnis: *Als sie ihm sagte, er sei ein lausiger Autofahrer, erlitt er einen schweren Höchenschwand.*

Hosena, *die;* -: der mit Spannung erwartete und mit leichten Schaudern quittierte Moment, wenn beim Rummachen der Partner die Hände erstmals zögernd in die eigene Hose gleiten läßt.

K **Karlsruhe,** *die;* -: gedämpfte Stimmung bei ihm, wenn es nicht geklappt hat; es soll Männer geben, die in der Karlsruhe versuchen, die Schuld auf sie abzuwälzen.

Klafferstrass, *der;* -[es]: die Angst des Joggers vor kleinen Hunden; wird durch die üblichen Beschwichtigungen (»Der tut nichts.«) von Herrchen oder Frauchen absolut nicht gemildert.

kreuznach <Adj.>: beschreibt eine Mischung aus Niedergeschlagenheit und Erleichterung; so fühlt man sich unmittelbar nachdem man eine Entschuldigung vorgetragen hat, die schon lange überfällig, mit dem eigenen Stolz jedoch ziemlich unvereinbar gewesen ist.

Kribbe, *die;* -: die Angst, ein eingeschlafenes (bzw. ☞schöpses) Bein, bei dem gerade (unter heftigstem Kribbeln) die Durchblutung wieder einsetzt, zu bewegen oder es auch nur im geringsten zu erschüttern: *Die Kribbe stand ihm ins Gesicht geschrieben.*

L

ladelund <Adj.>: in der Lage, größere Mengen Bier ohne zeitraubende Schluckbewegungen abschütten zu können.

Laugna, *die;* -: milder Zorn.

levin <Adj.>: mit der Gabe gesegnet, Knopfjeans mit nur einer Hand zügig auf- und zumachen zu können.

N

niederwallmenach <Adj.>: in einer Stimmung, in der man einfach alles plattwalzen möchte: *Seit sein Dackel überfahren wurde, war er Autos gegenüber niederwallmenach.* (Anm.d.Red.: Gott sei Dank erhalten nur wenige Menschen - z.B. Bagger- oder Panzerfahrer - in ihrem Leben Gelegenheit, diesem Gefühl nachzugeben.)

R

reibertenrod <Adj.>: {Med.} beschreibt eine durch zuviel Handarbeit überbeanspruchte erogene Zone.

S

Schierke, *die;* -: die im Zeitalter der Brotschneidemaschine allmählich verschwindende Fähigkeit, von Hand gerade und gleichmäßige Brotscheiben schneiden zu können.

schimm <Adj.>: so fühlt man sich, wenn man bemerkt, daß etwas von Schimmel befallen ist, von dem man soeben die Hälfte verspeist hat.

schöps <Adj.>: blutleer, taub, unbeweglich: *Sie stützte sich solange auf* *ihren Arm, bis er schöps wurde und sie ihn nur noch mit der anderen Hand bewegen konnte.*

Schöpsdrehe, *die;* -, -n: das Herumwälzen zur anderen Seite beim Lesen im Bett, sobald der Arm, mit dem man den Kopf stützt, ☞schöps zu werden droht.

schweigmatt <Adj.>: das Gefühl habend, in einer Gesprächsrunde nichts mehr sagen zu können, ohne damit auf den Umstand hinzuweisen, daß man so lange geschwiegen hat.

selfkant <Adj.>: mit einem provozierenden (aber nicht ganz unbegründeten) Selbstvertrauen gesegnet: *»Ich bin schlicht und einfach der Beste«, bemerkte er ebenso richtig wie selfkant.*

T **Tradlenz,** *die;* -: das hirnrissige Festhalten an alten, definitv überkommenen Traditionen (Med.); aus purer Tradlenz beschäftigen die englischen Eisenbahnen noch Heizer und das Fernsehen Radioreporter, die den Zuschauern beschreiben, was jeder selbst sehen kann.

trünzig <Adj.>: wenn man keinen Hunger mehr hat, ist man satt; wenn man keinen Durst mehr hat, ist man trünzig.

U **unteschweinach** <Adj.>: sich einen Dreck um Sexualhygiene kümmernd.

V **vorderhindelang** <Adj.>: beschreibt die kleine Erleichterung, sobald man nicht mehr der letzte in der langen Schlange ist; dadurch ist man dem Ziel zwar keinen Schritte näher gekommen - doch es zählt allein die Tatsache, daß andere noch länger anstehen werden.

Vorra, *die;* -, Vorren: am Gesicht ablesbare Riesenpanik wegen irgendwas; Vorren werden durch Gedankengänge hervorgerufen wie: *»Hab' ich das Gas abgestellt?«* oder *»Sollte ich heute oder gestern beim Chef sein?«*

Vorwohle, *die;* -, -n: das erste winzige Gefühl, welches einem nach bangem rhythmischen Bemühen anzeigt, daß man einen Orgasmus haben wird.

W **Wellaune,** *die;* -, -n: die leicht ungehaltene Stimmung, in die man beim Backen kommt, wenn der auszuwellende Teig völlig willkürlich mal am Nudelholz, mal am Tisch und mal an den Händen kleben bleibt: *Jedesmal wenn sie Zimtsterne machte, geriet sie in eine fürchterliche Wellaune.*

wels <Adj.>: viel zu aufgeregt, um einschlafen zu können.

Wenigenauma, *die;* -: eine manchen Verkäufern innewohnende Geistesgabe, die es ihnen ermöglicht, einem Kunden mit einem ausgefallenen Wunsch eine Weile zuzuhören, ihn dann zu unterbrechen (mit »Da hab ich genau das Richtige für Sie«), kurz im Lager zu verschwinden, und schließlich mit etwas völlig Untauglichem wieder aufzutauchen - um anschließend das ganze beliebig oft zu wiederholen (Med.).

wilsdruff <Adj.>: Nachfolgewort für »geil«, nachdem sich mit letzterem mittlerweile nahezu alles beschreiben läßt, nur der Zustand sexuellen Verlangens nicht mehr.

Windelsbleiche, *die;* -, -n: Gesichtsfarbe mit der man einen positiv ausgefallenen Schwangerschaftstest zur Kenntnis nimmt; mitunter tritt die Windelsbleiche auch schon dann auf, wenn der Interruptus mißlingt.

wölkisch <Adj.>: beschreibt eine Aussage, die in bezug auf Schärfe, Prägnanz und Eindeutigkeit allenfalls mit einer Wolke vergleichbar ist; läßt sich auch auf Personen anwenden, vor allem auf Politiker und Fußballtrainer.

Z **Zwerchstraß,** *der;* Zwerchstrasses: Muskelkater im Zwerchfell (Med.).

Suchbegriffe

Angst, vor Hunden: *Klafferstraß*
Arm, eingeschlafener: *schöps, Schöpsdrehe*
Bein, eingeschlafenes: *Kribbe, schöps*
Blick, starrer: *Bangstede*
Brösel, weit verbreitete: *Breselenz*
Brotscheiben, gleichmäßige: *Schierke*
Drang, schwer zu unterdrückender: *Gablenz*
Durst, gestillter: *trünzig*
Entschuldigung, längst überfällige: *kreuznach*
Erkenntnis, traurige: *Buchschlag*
trügerische: *Ekenis*
Erregung, freudige: *Hosena*
Essen, verschimmeltes: *schimm*
Fähigkeit, verschwindende: *Schierke*
Fahrrad, hinfälliges: *felgentreu*
Gefühl, besseres: *vorderhindelang*
leises: *glüsig*
trostloses: *hindelang*
vielversprechendes: *Vorwohle*
Gelächter, schmerzhaftes: *Zwerchstraß*
Genauigkeit, fehlende: *Wenigenauma*
Handarbeit, zuviel: *reibertenrod*
Interruptus, mißlungener: *Windelsbleiche*
Jeans, mit Knöpfen: *levin*
Kribbeln, heftigstes: *Kribbe*
Panik, offensichtliche: *Vorra*
Pointe, gut gebrachte: *gaggenau*
Pommes Frites, geklaute: *Gablenz*
Prägnanz, nicht vorhandene: *wölkisch*
Rückschlag, herber: *Höchenschwand*
Schaudern, leichtes: *Hosena*
Schlaflosigkeit: *wels*
Schlange, lange: hindelang, *vorderhindelang*
Schwangerschaftstest, positiver: *Windelsbleiche*

Schweigen, langes: *schweigmatt*
Selbstverständnis, angeknackstes: *Höchenschwand*
Selbstvertrauen, provozierendes: *selfkant*
Sexualhygiene, mangelhafte: *unterschweinach*
Stimmung, gedämpfte: *Karlsruhe*
gefährliche: *niederwallmenach*
ungehaltene: *Wellaune*
Teig, eigenwilliger: *Wellaune*
Telefongespräch, erfreuliches: *glüsig*
Tradition, überkommene: *Tradlenz*
Umzug, unerwartet schwieriger: *berlin*
Verlangen, sexuelles: *wilsdruff*
Verzweiflung, Anflug von: *Bangstede*
Zone, erogene: *reibertenrod*
Zorn, milder: *Laugna*
Zustand, alkoholisierter: *Argenschwang*
Zwerchfell, überstrapaziertes: *Zwerchstraß*

8. Das hat gerade noch gefehlt!

Der letzte Abschnitt ist all denen gewidmet, die beim Studium der vorangegangenen Kapitel zuweilen das Gefühl hatten, das eine oder andere Wort habe bis zum Erscheinen des Fehlwörterbuches nicht wirklich gefehlt. Dieser Eindruck wird sich angesichts der hier versammelten Albernheiten rasch verflüchtigen - im Vergleich dazu dürfte sich auch die umständlichste Umschreibung noch als realitätsnah und praktikabel erweisen.

A **Aschaffenburg,** *die;* -, -en: ein protziges Eigenheim, von dem die Nachbarn argwöhnen, daß der Besitzer sich das Geld dafür eigentlich nur mit Zuhälterei o.ä. verdient haben kann.

B **Bellinzona:** {ital.} ein Hund in der DDR (veraltet).

Buchtahöhe, *die;* -, -n: {salopp} die Länge einer Gefängnisstrafe.

D **Dinslaken,** *die* <Pl.>: steuerlich abzugsfähige Bettwäsche in einem Bordell.

E **erbengrün** <Adj.>: Gesichstfarbe einer Person, die bei der Testamentseröffnung erfährt, daß alles karitativen Zwecken zukommen wird.

Erkelenz, *die;* -, -en: die bei postmodernen Architekten verbreitete Sucht, Häuser mit überflüssigen Erkern zu versehen (Med.).

Etzengesäß, *das;* -es, -e: vornehm für »blöder Arsch«.

G **gröningen** <tr.>: singen wie Herbert G. aus B. und dabei die einzelnen Wörter bis zur Unkenntlichkeit ineinandernuscheln: *»Schattnimblick, Lachnisgemalt…«, gröningte er.*

Gut Moor! alter Torfstechergruß.

K **Karwitz,** *der;* -es, -e: ein derart harmloser und langweiliger Witz, daß man damit selbst an Karfreitag in einer streng katholischen Runde keinen Anstoß erregen kann.

Kraxenest, *das;* -es, -er: Hochbett ohne Leiter.

M **Magdeburg,** *die;* -, -en: {ugs. - abwertend} ein Frauen-Café.

Milkwitz, *der;* -es, -e: die Milchquotenregelung der Europäischen Union.

Möslberg, *der;* -[e]s, -e: {ugs.} der Venushügel.

N **Negenmark,** *das;* -[e]s: {ugs.} das Innere eines Mohrenkopfes.

O

oberursel <Adj.>: Stellung: *»Lieber oberursel als unter Ursel.«*

P

Pampin, *das;* -s: das Bindemittel in jener Sorte Flockenpürree, die nur mit warmem Wasser angerührt wird.

pillig <Adj.>: breisgünstig.

R

Rehm-Flehde-Bargen: {plattdt.} Gewerkschaft der Reetdachdecker, Gummistiefelweitwerfer und Krabbenpuler Schleswig-Holsteins.

Rheinbach, *der; -s;* Gewinn, den ein Busunternehmer erzielt, indem er in Zeiten des Hochwassers Schaulustige aus dem Umland in die Kölner Altstadt kutschiert.

Rottenfuß, *der;* -es, Rottenfüße: Vorstufe des Raucherbeins.

S

Schlemmin, *das;* -s: von Dr. Oetkers Entwicklungsabteilung fieberhaft gesuchtes Würzmittel, das möglichst alles zum Genuß machen soll.

schwei <Zahlwort>: Anzahl von Drinks, die man zuviel hatte.

Soculahora, *die;* -: {lat.} umstrittene Grenzwissenschaft, die sich mit dem Zustandekommen einzelner Socken befaßt und insbesondere den rätselhaften Verbleib der Gegenstücke zu erklären versucht.

sögeln <tr.>: Geschlechtsverkehr auf einem Segelboot haben.

T

Tel Aviv! hebräischer Ausruf; bedeutet soviel wie: »Erzähl's doch deinem Frisör!«

Thurmannsbang, *die;* -: {poetisch} die Angst des Torwarts beim Elfmeter.

U

upen <itr.>: bei einem französischen Auto die Hupe betätigen.

W

Westerdeichstrich, *der;* -[e]s, -e: Rotlichtbezirk auf Sylt.

Z

zyfflich <Adj.>: unzufrieden darüber, daß man mit seinem Namen ganz hinten im Alphabet steht.

Anhang: Das Labenz, der Leserbrief und die ganze Wahrheit

Durch eine nicht mehr rekonstruierbare Verkettung merkwürdiger Umstände gelangte ein Fernsehredakteur beim Süddeutschen Rundfunk in den Besitz einer Vorab-Version des Fehlwörterbuches, und flugs produzierte er einen ausführlichen Beitrag für eine ansonsten durchaus ernsthafte Kultursendung. Diesen wiederum sah eine Mitarbeiterin der Badischen Neuesten Nachrichten, in denen tags darauf ein Artikel über die Sache erschien. Eine treue Leserin des Blattes fühlte sich an ein bereits erschienenes Buch erinnert; beherzt für den pfleglichen Umgang mit geistigem Eigentum eintretend bescherte sie dem Fehlwörterbuch die erste Leserzuschrift – ohne es freilich gelesen zu haben und lange vor seiner Veröffentlichung. Die Redaktion antwortete umgehend, und da dieser Briefwechsel einen erschöpfenden Einblick in die tieferen Zusammenhänge zwischen den beiden Werken bietet, geben wir ihn an dieser Stelle ungekürzt wieder.

A. R.
Ettlingen

22. 09. 94

Herrn
Albrecht Tiefenbacher
Karlsruhe

Fehlwörterbuch –
Artikel in den BNN vom 21. 09. 94

Hallo, Herr Tiefenbacher,

leise lächelnd habe ich gestern den Artikel über Ihr Fehlwörterbuch in den BNN gelesen – was für eine hübsche Idee.
Doch leider, leider, wie das Leben so spielt – wieder mal war einer vor Ihnen da. Der Schriftsteller Douglas Adams (per Anhalter durch die Galaxis etc.) hatte diese Idee schon 1989 und hat das Buch »The deeper meaning of Liff« herausgebracht, welches zusammen mit einer deutschen Übersetzung von Sven Böttcher 1992 unter dem Titel »Der tiefere Sinn des Labenz« erschienen ist. Von A wie »aachen« – Seinen Namen ändern, um eher dranzukommen über O wie »Oberursel«, das Mädchen, das immer freiwillig die Getränke holt, oder P wie »Passau«, eine zu spät ausgerufene Warnung bis Z wie »Zürich« (Adj.) bestrebt, möglichst schnell reich zu werden… ist alles schon erfunden. Sogar Rüppurr – »ein Katzenrülpser«.

Bei Interesse leihe ich Ihnen das Buch gerne mal aus. Oder sollten Sie das Buch etwa kennen und ein Plagiator…, nein, das glaube ich nicht.

Freundliche Grüße

Albrecht Tiefenbacher
Karlsruhe

27. September 1994

Frau
A. R.
Ettlingen

Betr.: Ihr Schreiben vom 22. 09. 94

Sehr geehrte Frau R.,

vielen Dank für Ihr liebenswürdiges Angebot, mir »Der tiefere Sinn des Labenz« auszuleihen. Ich kenne das Buch und besitze es seit einiger Zeit sogar selbst. Demnach wäre ich Ihrer geschätzten Definition zufolge ein – lassen Sie es mich ohne Beschönigung aussprechen – Plagiator! Um noch eine zweite Meinung zu hören, konsultierte ich in meiner Not den DUDEN (Band 5):

- **Plagiat** [*lat.-fr.*] *das;* -[e]s, -e: das unrechtmäßige Nachahmen und Veröffentlichen eines von einem anderen geschaffenen künstlerischen oder wissenschaftlichen Werkes.
- **Plagiator** [*nlat.*] *der;* -s, -en: jemand, der ein Plagiat begeht.

Was nun? Besteht die Hoffnung, Sie milde zu stimmen? Vielleicht, indem ich Sie von folgenden Sachverhalten in Kenntnis setze?

- Die Idee stammt weder von mir (das habe ich auch nie behauptet), noch von Douglas Adams, sondern ist einem Sprachspiel aus dem Schulunterricht entlehnt: der Lehrer gibt einen Ortsnamen vor, und der aufgerufene Schüler soll spontan erklären, welche Bedeutung dahinter stecken könnte, falls es ein richtiges Wort wäre.

- Das Fehlwörterbuch entstand im Herbst 1991 aus einer Kneipen-Idee unter Karlsruher Frisbee-Spielern: Ausgehend von den Namen unserer Geburts- bzw. Heimatorte suchten wir nach Ersatz für die englischen Fachbegriffe in unserer Sportart. Dieses Unternehmen dehnte sich bald in alle Bereiche des täglichen Lebens aus, und die erste fotokopierte Version des Fehlwörterbuches verbreitete sich rasch in der deutschen Frisbee-Szene – ein Jahr bevor »Der tiefere Sinn des Labenz« erschien.
- »Der tiefere Sinn des Labenz« ist nur teilweise geglückt. Wenn ich die von Ihnen genannten Beispiele richtig deute, sind Sie bei der Lektüre nicht über die Umschlagrückseite hinausgekommen. Sollten Sie vielleicht doch einmal einen Blick ins Innere werfen, werden Sie feststellen, daß die aus dem Englischen übersetzten Umschreibungen mitunter recht zwanghaft mit einem deutschen Wort verbunden wurden.
- Den zuständigen Redakteuren von Süddeutschem Rundfunk (Beitrag in »Kultur Südwest«), Südwestfunk (Beiträge in SWF1 uns SWF3), Welle Fidelitas, Radio Regenbogen, Antenne 1 und Badischen Neuesten Nachrichten hat jedenfalls das Fehlwörterbuch besser gefallen.

Ich weiß nicht... Sollte ich nicht doch besser auf Ihre Aussage eingehen, wonach »alles schon erfunden« sei? Eine sehr gewagte Aussage, wie ich meine. Ich wette, Sie wissen nicht, wie der Balken an der Supermarktkasse heißt, mit dem man seine Einkäufe von denen des nächsten Kunden trennen soll; auch dürfte Ihnen bisher entgangen sein, woraus CD-Hüllen gemacht sind. Und wie soll man den Rückstand in der Badewanne nach Ablassen des Wassers nennen? In welchen Fällen tritt die *Windelsbleiche* auf? Hatten Sie es jemals mit einem *Kalteneber* zu tun? Fragen über Fragen. Und die wichtigste: Sie sind doch nicht etwa ein *Tönisvorst*?
Bei Interesse leihe ich Ihnen das Buch gerne mal aus.

Ebenso freundliche Grüße

P.S.: Falls ich demnächst ein Buch über ein paar Anhalter im Weltraum schreiben sollte, werden Sie es als erste erfahren. Versprochen.

Ortsverzeichnis

mit Postleitzahlen
(und Kapitelnummern)

24797 Hörsten (5)
01996 Hosena (7)
37671 Höxter (2)
32609 Huchzen (6)
45721 Hullern (1)
91349 Hundshaupten (6)
08138 Hundshübel (3)
94060 Indling (3)
53520 Insul (5)
88316 Isny (4)
47661 Issum (3)
29479 Jameln (5)
23738 Kabelhorst (4)
37318 Kalteneber (4)
02923 Kaltwasser (2)
76133 Karlsruhe (7)
29481 Karwitz (8)
08399 Kaufungen (2)
01731 Kautzsch (2)
CH-3122 Kehrsatz (3)
56746 Kempenich (4)
55606 Kirn (2)
94089 Klafferstrass (7)
25924 Klanxbüll:
24860 Klappholz (3)
02627 kleinbrösern (2)
03058 kleindöbbern (5)
06926 Kleinkorga (3)
06408 Kleinwirschleben (5)
25789 Kleve (2)
04509 Klitschmar (2)
25899 Klixbüll (2)
56818 Klotten (2)
50354 Knapsack (2)
18334 Kneese (3)
02999 Koblenz (5)
83317 Kraxenest (8)
55543 Bad Kreuznach (7)
19357 Kribbe (7)
36166 Kruspis (3)
18292 Kuchelmiß (3)
18249 Laase (3)
84082 Laberweinting (4)
25926 Ladelund (7)
88085 Langenargen (4)
44892 Langendreer (4)
26465 Langeoog (3)
52379 Langerwehe (1)
86502 Laugna (7)
04924 Lausitz (1)
76547 Leiberstung (3)
69181 Leimen (6)
70771 Leinfelden (6)
04347 Leipzig (2)
32657 Lemgo (5)
38268 Lengede (3)
17159 Levin (7)
A-4020 Linz (2)
95191 Lipperts (3)
59510 Lippetal (3)
59555 Lippstadt (2)
97980 Löffelstelzen (6)
97453 Löffelsterz (3)
67435 Looganlage (3)
01561 Lötzschen (2)
58507 Lüdenscheid (5)
39104 Magdeburg (8)
54429 Mandern (1)
54531 Manderscheid (1)
16833 Mangelshorst (4)
04258 Mannschatz (4)
39340 Maschenhorst (4)
56727 Mayen-Koblenz (5)
53894 Mechernich (4)
46499 Mehrhoog (3)
47119 Meiderich (4)

37697 Meinbrexen (5)
29614 Meinern (5)
99996 Menteroda (1)
79837 Menzenschwand (3)
50769 Merkenich (4)
02627 Milkwitz (8)
(USA) Milwaukee (2)
64668 Mitlechtern (5)
98574 Mittelstille (3)
94110 Möslberg (8)
80331 München (6)
46395 Mussum (1)
73230 Nabern (5)
56626 Namedy (3)
34626 Nausis (2)
17440 Negenmark (8)
26931 Neuenbrok (2)
71543 Neulautern (5)
56357 Niederwallmenach (7)
79297 Niederwinden (5)
52382 Niederzier (3)
91275 Nitzlbuch (3)
69226 Nußloch (3)
19412 Nutteln (6)
86570 Oberbachern (1)
54675 Obergeckler (4)
81373 Obersendling (5)
61440 Oberursel (8)
53881 Oberwichterich (4)
83119 Obing (3)
56299 Ochtendung (1)
31303 Otze (3)
94563 Otzing (3)
59556 Overhagen (6)
14641 Paaren im Glien (6)
07924 Pahnstangen (3)
19372 Pampin (8)
02633 Pannewitz (2)
24253 Passade (5)
94036 Passau (4)
87459 Pfronten (1)
88271 Pfrungen (1)
15236 Pillgram (4)
56753 Pillig (8)
66954 Pirmasens (3)
04828 Plagwitz (5)
29479 Platenlaase (3)
94447 Plattling (2)
24306 Plön (2)
37586 Portenhagen (6)
17498 Potthagen (1)
17168 Prebberede (5)
92690 Pressath (3)
29451 Prisser (2)
24253 Probsteierhagen (6)
07625 Profen (6)
04720 Prüfern (5)
18581 Putbus (3)
28870 Quelkhorn (3)
38368 Querenhorst (4)
83562 Rechtmehring (4)
03229 Reddern (6)
25776 Rehm-Flehde-Bargen (8)
36304 Reibertenrod (7)
42853 Remscheid (5)
53359 Rheinbach (8)
63322 Rödermark (2)
01561 Rödern (2)
17237 Rollenhagen (1)
06536 Rosperwenda (3)
82282 Rottenfuß (8)
06567 Rottleben (2)
96524 Rottmar (3)
79725 Rotzel (2)
87494 Rückholz (3)
55776 Rückweiler (4)

23843 Rümpel (4)
69427 Rumpfen (6)
38229 Salzgitter (1)
33154 Salzkotten (3)
88527 Sauggart (2)
06712 Sautzschen (2)
07557 Schafspreskeln (3)
17440 Schalense (2)
59597 Schallern (1)
06862 Schaltwarte (3)
76779 Scheibenhardt (2)
36277 Schenksolz (5)
38879 Schierke (7)
96524 Schierschnitz (2)
99988 Schierschwende (2)
23972 Schimm (7)
A-8970 Schladming (3)
18249 Schlemmin (8)
04936 Schlieben (6)
36381 Schlüchtern (2)
84085 Schneidhart (2)
92358 Schnürpflingen (6)
16866 Schönhagen (5)
91626 Schopfloch (3)
07768 Schöps (7)
08525 Schöpsdrehe (7)
21493 Schretstaken (6)
98590 Schwallungen (3)
26936 Schwei (8)
54338 Schweich (2)
32120 Schweicheln (5)
97944 Schweigern (5)
79650 Schweigmatt (7)
53909 Schwerfen (6)
55767 Schwollen (6)
07768 Seitenroda (1)
52538 Selfkant (7)
81371 Sendling (5)
52152 Simmerath (5)
55469 Simmern (5)
02627 Soculahora (8)
49751 Sögeln (8)
15324 Solikante (2)
88048 Spaltenstein (2)
91233 Speikern (5)
25917 Sprakebüll (2)
63303 Sprendlingen (1)
98587 Springstille (3)
21244 Sprötze (4)
01561 Stauda (3)
15898 Streichwitz (2)
37308 Streitholz (3)
59846 Sundern (5)
24943 Tastrup (4)
(ISR) Tel Aviv (8)
94169 Thurmannsbang (8)
79822 Titisee (1)
47918 Tönisvorst (4)
82390 Tradlenz (7)
74906 Treschklingen (2)
14929 Treuenbrietzen (5)
08428 Trünzig (7)
50169 Türnich (4)
27726 öberhamm (2)
19309 Unbesandten (5)
97486 Unfinden (5)
86859 Unterigling (3)
91413 Unterschweinach (7)
36166 Unterstoppel (3)
38704 Upen (8)
54539 Ürzig (2)
33775 Versmold (4)
CH-3213 Villnachern (6)
27374 Visselhövede (2)
19273 Vorderhagen (5)
87541 Vorderhindelang (7)

91247 Vorra (7)
23942 Vorwerk (2)
37632 Vorwohle (7)
48691 Vreden (5)
44649 Wanne-Eickel (3)
CH-3135 Wattenwil (3)
44866 Wattenscheid (5)
04849 Wellaune (7)
A-4600 Wels (7)
07955 Wenigenauma (7)
25761 Westerdeichstrich (8)
31840 Wickbolsen (6)
91589 Wicklesgreuth (2)
A-1160 Wien (2)
65185 Wiesbaden (6)
01723 Wilsdruff (7)
06343 Wimmelrode (5)
33659 Windelsbleiche (7)
09306 Winkeln (5)
47626 Winnekendonk (3)
42799 Witzhelden (4)
66706 Wochern (6)
01665 Wölkisch (7)
15320 Wuschewier (1)
18569 Wusse (2)
15913 Wusswerk (2)
46509 Xanten (6)
53539 Zermüllen (2)
85604 Zorneding (3)
CH-8000 Zürich (4)
86709 Zwerchstraß (7)
34596 Zwesten (6)
08056 Zwickau (2)
88529 Zwiefalten (6)
19322 Zwischendeich (3)
06926 Zyfflich (8)
16827 Zermützel (1)

American Slang

29,80 DM

ISBN 3-8218-0431-9

Die amerikanische Sprache ist wie kaum eine andere gespickt mit Wörtern und Redewendungen, die in den herkömmlichen Wörterbüchern meist keine Erwähnung finden: weil sie zu deftig, zu aggressiv, zu verschlüsselt oder schlicht und einfach unbekannt sind. Mit diesem neuen Wörterbuch liegt ein Standardwerk für Schüler, Lehrer, Studenten, Übersetzer, Fans der Pop-Musik, USA-Touristen, Werber, Redakteure und alle anderen vor, die Spaß daran haben, den Sprach-Underground zu entdecken. Ein Standardwerk und ein Lektürespaß zugleich.

EICHBORN.

KAISERSTRASSE 66 · D-60329 FRANKFURT AM MAIN

TELEFON (069) 256003-0 · FAX (069) 256003-30

Nützliche, originelle Wörterbücher

3-8218-3317-3 12,80 DM

3-8218-1970-7 5,– DM

3-8218-1968 5,– DM

3-8218-1969-3 5,– DM

3-8218-1971-5 5,– DM

3-8218-2034-9 5,– DM

3-8218-2035-7 5,– DM

3-8218-2036-5 5,– DM

3-8218-2037-3 5,– DM

EICHBORN.

KAISERSTRASSE 66 · D-60329 FRANKFURT AM MAIN
TELEFON (0 69) 25 60 03-0 · FAX (0 69) 25 60 03-30